Hanspeter Oschwald

Kloster auf Zeit

Antworten auf die 50 häufigsten Fragen

HERDER

FREIBURG · BASEL · WIEN

Gedruckt auf umweltfreundlichem,
chlorfrei gebleichtem Papier

Originalausgabe

www.herder.de
Satz: Dtp-Satzservice Peter Huber, Freiburg
Herstellung: fgb · freiburger graphische betriebe 2005
www.fgb.de
Umschlaggestaltung und Konzeption:
R·M·E München / Roland Eschlbeck, Liana Tuchel
Umschlagmotiv: © Werner Richner
ISBN 3-451-05625-9

Inhalt

Wir hören viel, aber wir hören
erst eigentlich, wenn wir
die wirren Stimmen haben sterben lassen,
und nur noch eine spricht.

Meister Eckhart

Kapitel 1
Die Wiederentdeckung der Klöster

Immer mehr Menschen suchen in Klöstern nach einer Auszeit von ihrem Alltag. Das ist keine unbegründete Annahme oder eine persönliche Beobachtung von Freunden der Stille und Zurückgezogenheit. Eine Umfrage in deutschen Klöstern und Ordensniederlassungen im Auftrag der deutschen Ordensoberen (VDO) im Frühjahr 2005 hat diesen Trend belegt. Danach gaben 76 Prozent der befragten Häuser an, dass bei ihnen die Nachfrage in den vergangenen fünf Jahren unverändert hoch geblieben oder gestiegen sei.

Das war um die Jahrtausendwende keineswegs abzusehen. Bei der Vorbereitung für meinen erstmals 2000 erschienenen „Klosterurlaubsführer" stieß ich noch auf erhebliche Vorbehalte. Gerade die Benediktiner, die schon 1962 in Niederaltaich begonnen hatten, Kloster auf Zeit anzubieten, wurden anfangs missverstanden oder böswillig interpretiert. So wurde ihnen beispielsweise unterstellt, sie wollten auf diese Weise ihre Nachwuchsprobleme beheben und Männer ins Kloster locken, damit sie dort blieben. Nichts lag ihnen aber ferner. Inzwischen ist das Schnee von vorgestern. Nur in Ausnahmefällen orientieren sich Klostergäste bei ihrem begrenzten Aufenthalt am Klosterleben, um möglicherweise einem Orden beizutreten.

Nahezu alle deutschen Medien haben das Thema inzwischen aufgegriffen. Kloster auf Zeit ist kein Insidertipp mehr. Niemand fragt mehr hinter vorgehaltener Hand, was denn das sei. Vielmehr, ob man so etwas auch machen könne, wenigstens mal ausprobieren. Zahlreiche Fragen tauchen dabei auf, weil hinter den Klostermauern doch eine ganz andere Welt vermutet wird. Das fängt schon damit an, wie die einzelnen Orden und Klöster diese Aufenthalte bezeichnen. Kloster auf Zeit steckt nur einen Rahmen ab und sagt, was es im Kern meint, sich für eine mehr oder weniger lange Zeit in die Abgeschiedenheit eines Klosters zurückzuziehen.

Die „Erfinder“ dieses Angebots, die Benediktiner von Niederaltaich, sehen darin allerdings einiges mehr. Sie bieten Kloster auf Zeit als zweiwöchige Kurse an, die kein stressiges, aber doch ein Programm umfassen. Sie verzeichnen trotz des höheren Anspruchs eine steigende Nachfrage. Kloster auf Zeit boomt, stellt der Betreuer des Programms, Fr. Vinzenz Proß, fest:

„Wir haben deshalb die Zahl der Ersteilnehmerkurse von zwei auf drei pro Jahr erhöht, allerdings die Höchstzahl von 20 Teilnehmern (meist waren es dann tatsächlich 17 oder 18 Personen) auf 15 reduziert. Die Ernsthaftigkeit bzw. die Fragen, die innere Motivation usw., mit der die Teilnehmer zu Kloster auf Zeit kommen, wächst, wird intensiver, so dass die begleitenden Mönche auch mehr gefordert sind. Ebenso wächst der Bedarf an begleitenden Einzelgesprächen. Nach wie vor halten wir Kloster auf Zeit für das Sinnvollste bzw. Wichtigste, was wir – an ‚Außen-Tätigkeiten‘ – tun, auch deshalb, weil es am meisten mit unserem eigenen klösterlichen Lebensentwurf zu tun hat. Allerdings fordert es uns wohl auch am stärksten.“

Proß zieht in einer Analyse eine Bilanz, die auf über 40 Jahre Erfahrung mit diesem Klosterangebot zurückgreifen kann. Was für die Benediktiner in Niederaltaich gilt, lässt sich auch auf andere Ordenshäuser mit noch jungen und kürzeren Erfahrungen übertragen. Proß beobachtet einen merkwürdigen Zwiespalt: Einerseits leiden sehr viele Gemeinschaften unter akutem Nachwuchsmangel. Konvente werden älter, Orden müssen Aufgaben aufgeben oder Niederlassungen schließen, einzelne Gemeinschaften werden ganz aus der kirchlichen Landschaft verschwinden. Andrerseits haben Klöster Hochkonjunktur, zumindest im touristischen Bereich. Verschiedenste Sendungen in Funk und Fernsehen wie zuletzt die Fernsehreihe „Donauklöster", das Interesse an den klösterlichen Webseiten, Veröffentlichungen in den Medien in großer Zahl, Aktionen der Orden und Klöster selbst, z. B. die Aktion „Klösterreich" oder zahlreiche Klostermärkte und vieles andere, geben ein beredtes Zeugnis dafür. Kann jedoch bei all diesen Aktionen und Publikationen wirklich etwas von dem vermittelt werden, was das Wesentliche der Klöster ausmacht, oder bleibt nur die Faszination durch das dem heutigen Menschen so Fremde? Werden die Gemeinschaften und Klöster und vor allem die Menschen, die darin leben, in ihrem eigentlichen Grundanliegen wahrgenommen?

Daran schließt sich eine zweite Frage an: Kann dieser angedeutete „Kloster-Boom" den Menschen unserer Zeit Hilfe und Orientierung sein auf ihrem Lebensweg in einer Zeit und Welt, die auf vielfache Weise durch Verunsicherung, Orientierungs- und Heimatlosigkeit geprägt ist?

Eines jedenfalls kann geschehen: Die Menschen können darauf aufmerksam werden, dass es sie noch gibt, die

Orden und Gemeinschaften, die Schwestern und Brüder, Mönche und Nonnen, deren Lebensform so widersprüchlich ist zu allem, was in unserer Gesellschaft gängig, was „in" ist. Und vielleicht regt so eine erste, eher oberflächliche Begegnung dann auch zur weiteren und tieferen Beschäftigung mit dem Phänomen „Kloster" an – und zur Auseinandersetzung mit dem eigenen Lebensinhalt.

Die Hoffnungen, wie sie Vinzenz Proß formuliert, werden nicht von allen Orden geteilt. Manch großes Kloster, in dessen langen Fluren sich die wenigen verbliebenen Mönche oder Nonnen fast verlieren, zögert mit der Öffnung zur Welt, wiewohl diese eigentlich seit ihrer Gründerzeit zu den Aufgaben der Klöster gehört, sieht man einmal von den kontemplativen Gemeinschaften ab. Meine eigenen Erfahrungen vor wenigen Jahren belegen dies. Gerade im Ausland schien mir die Gastfreundschaft der Mönche mitunter eher oberflächlich, und es erweckte zuweilen den Anschein, als wären sie froh, wenn der Besucher wieder abreiste.

Manche Klöster, vor allem in Frankreich, sehen den Boom inzwischen sehr skeptisch. Sie werden die Gästescharen, die sie riefen, nicht mehr los. Zu viel Öffnung hat das Gegenteil des ursprünglich Beabsichtigten bewirkt. Betroffen sind vor allem Abteien, die schön gelegen sind, meist mit einer bekannten Wallfahrtskirche, um die herum sich ein Tourismus entwickelt hat, den ein Kind treffend mit der Frage an seine Eltern formuliert hat: „Wann gehen wir Mönche gucken?"

Das kann es natürlich nicht sein, wenn Klöster einladen. Klöster sind keine Werkshallen, die zusammen mit einigen exotischen Bewohnern zur Besichtung freigegeben werden. Wallfahrertrubel lässt sich nicht vermeiden. Die Pilgerstätten sind bekannt. Sie sollten aber nicht mit Einkehr im Kloster auf Zeit verwechselt werden. Das gilt für beide Seiten und nicht nur für die Besucher. Mönche und Nonnen müssen klar sagen, wo unterschieden wird, in ihrem, aber auch im Interesse der Menschen, die eine Zeit lang leben wollen wie die Ordensleute.

Bevor ich auf die 50 Fragen und Antworten eingehen will, können aber auch einige Grundüberlegungen nützlich sein. Heute ist viel von Gleichgewicht die Rede. Der Mensch braucht Aktivität und Muße. Niemand predigt mehr körperliche Wellness, ohne auch an psychisches, seelisches Wohlbefinden zu denken. Die Antwort der Mönche auf dasselbe, uralte Problem heißt: Ora et labora. Beten und Arbeiten meint nichts anderes. Den Mönchen ist dieses Wissen Tradition, die sie leben, unter sich weitergeben und jetzt auch an jedermann weitergeben wollen.

Vielleicht fühlen die Menschen, die es für Tage hinter Klostermauern zieht, genau dieses. Sie erwarten dort also eine Kompetenz, die früher die Kirchen generell vertreten haben. Doch wie viele Zeitgenossen wenden sich mit Lebensfragen an die Kirchen, konkret an Pfarrer? Man kauft sich lieber Zeitschriften, wenn man sich den Psychiater nicht leisten kann. Erst recht geht die Suche nach der individuellen Religiosität an den Kirchen vorbei. Sie begegnen als Institutionen Vorbehalten, die es anscheinend gegenüber den im allgemeinen Bewusstsein fast vergessenen Klöstern nicht gibt.

Daraus ergibt sich eine weitere Frage: die, um einen noch jungen Begriff zu verwenden, nach der „Nachhaltigkeit" von Klosterbesuchen. Welche Folgen kann dieser Trend haben? Ist er nur eine vorübergehende Mode? Die Antwort ist meines Erachtens ein klares Nein. Es geht ja nicht um die Wiederentdeckung der Klöster, weil sie kulturgeschichtlich gesehen nicht untergehen dürfen. Nicht umsonst hat Joseph Ratzinger den Papstnamen Benedikt gewählt und damit nicht nur den Friedenspapst Benedikt XV. gemeint, sondern den Begründer des abendländischen Mönchtums, Benedikt von Nursia.

Da treffen viele Erfahrungen zusammen. Zu Benedikts Zeiten war das Abendland weitgehend entchristlicht. Um die Klöster herum wurde christliches Leben wieder entwickelt. In ähnlichen Umbruchzeiten stecken wir heute schließlich auch. Die Rückkehr der Klöster in die Gesellschaft entspricht damit einem Tiefentrend und befriedigt mehr als nur die Sehnsucht einer Minderheit nach einem Ausstieg für kurze Zeit.

Es ist schon gewöhnungsbedürftig, zu beobachten, dass es manchen, der nicht mehr in die Kirche findet, ins Kloster zieht. Ein Modetrend ist dies gewiss nicht, erst recht, wenn man Karl Rahners Wort bedenkt, wonach die Zukunft der Kirche in der Mystik liege.

Lebenskunst besteht darin,
die eigene Natur mit der eigenen Arbeit
in Einklang zu bringen.

Luis Ponce de León

Kapitel 2
Wie bereite ich mich vor?

Ins Kloster fährt niemand aufs Geratewohl, klingelt an der Pforte und bittet um Einlass. „Hier bin ich, hier möchte ich einige Tage bleiben." So geht es sicherlich nur in den Vorstellungen von romantisierten spätmittelalterlichen Gebräuchen, heute auf keinen Fall, auch wenn der neugierige Gast, der an der Pforte anklopft, vermutlich je nach Bedürftigkeit nach einigem Zögern dort, wo es das Haus zulassen kann, aufgenommen würde. Zumindest für eine Nacht wird immer ein Bett frei sein. Ein regelrechter Klosteraufenthalt will jedoch genau bedacht und vorbereitet sein. Die Auswahl des richtigen Klosters, des richtigen Ordens, der passenden Jahreszeit und vor allem die Bestimmung der Dauer des Aufenthalts braucht Zeit.

Um Enttäuschungen zu vermeiden, sollte sich jeder zunächst einmal fragen, wie viel er von sich und in sich selbst investieren will. Einmal völlig abschalten ist sicherlich eine zureichende Motivation. Darf das aber gleich Wochen beanspruchen? Also:

1.
Wie lange dauert Kloster auf Zeit oder Klosterurlaub idealerweise?

Auf diese Frage haben Menschen aus verschiedenen Berufen und Altersgruppen teilweise grundverschiedene Antworten parat. Das hängt vor allem davon ab, wie oft und wie geübt der Einzelne im Abschalten ist. Hat er sich schon angewöhnt, sich im Alltag für Augenblicke, Minuten oder Stunden auszuklinken? Hat er schon einmal meditiert? Mit solchen Erfahrungen lässt sich subjektiv leichter beurteilen, wie viel Zeit man sich zumuten will oder unbedingt muss. Wer schon einige Zeit hinter Klostermauern verbracht hat, entwickelt schnell ein Gefühl für den angemessenen Bedarf.

Der Weg zu sich selbst, in die Stille oder zur Regeneration kann sehr weit sein oder auch nur sozusagen um die Ecke führen. Er kann innerhalb einer absehbaren Anzahl von Tagen gegangen werden. Er kann aber auch Monate dauern. Die Lebenssituation, Arbeitswelt und das Alter spielen eine entscheidende Rolle.

Schnelligkeit und Stress gewöhnte Manager beispielsweise meinen, dass vier Tage schon eine halbe Ewigkeit seien. Mehr wollen oder können sie sich gar nicht leisten. Das mag in vielen Fällen zutreffen. Und in der Tat berichten Manager – Männer wie Frauen –, dass vier Tage einen erstaunlichen Effekt ausgelöst hätten. „Ich war geheilt", erzählte einer nach einem intensiv erlebten Kurzaufenthalt in einem Kloster. Allerdings war der nicht nur mit Meditation und Entspannung ausgefüllt, sondern wurde von einem musiktherapeutischen Programm begleitet.

Daraus lässt sich klar folgern, dass der Weg in die Stille und zu sich selbst in weniger als einer Woche nicht zurückzulegen ist. Die ganz kurzen Besuche reichen nicht aus. Ein Tag oder ein verlängertes Wochenende lassen allenfalls erkennen, ob und wie viel Klosterstille man sich zumuten kann.

Wer dann aber entschieden hat, einen richtigen, also mindestens einwöchigen Aufenthalt zu buchen, muss weitere Vor-Fragen klären. Diese können banaler Natur sein, etwa wie lange man überhaupt sich für das Kloster freinehmen kann. Die persönlichen Lebensumstände sollte man daraufhin abfragen, ob man aus einer Schwierigkeit heraus am liebsten gleich und unvorbereitet hinter Klostermauern flüchten will. Das kann funktionieren, wenn man dort lange Zeit bleiben kann und sich helfen lässt, damit die Probleme erkannt und gelöst werden können. Das wäre ein therapeutisches Programm, das nur in wenigen Klöstern angeboten wird, entweder in Einzelaufenthalten oder in Programmen von „Kloster auf Zeit". Auf die Schnelle bieten sich nur geringe Aussichten.

Wie viel Zeit also steht zur Verfügung? Will man einfach nur abschalten, Ruhe genießen, oder will man meditieren, mönchische Begleitung beanspruchen, spirituelle Erlebnisse erfahren? Wer für einen begrenzten Zeitraum nur die Welt kurz hinter sich lassen will, kann mit einer Woche voll auf seine Bedürfnisse kommen. Das gilt erst recht, wenn man schon mehrmals solche Übungen in sein Leben aufgenommen hat. Neulinge und Interessenten mit höheren Erwartungen werden am wenigsten in systematisch gestalteten Aufenthalten enttäuscht, wie sie die Benediktiner mit Vorträgen und Gesprächen im Rahmen von Kloster auf Zeit anbieten. Diese Programm-Zeit erstreckt sich gewöhnlich über zwei Wochen.

Wenn man also geklärt hat, ob man den Aufenthalt zeitlich einrichten kann, sollte das Umfeld bedacht werden. Auf wen muss ich Rücksicht nehmen? Wen sollte ich und wen will ich ins Vertrauen ziehen? Das darf nicht unterschätzt werden, weil „ins Kloster gehen" noch immer Befremden auslösen kann, und nicht jeder fühlt sich dazu aufgelegt, in einer solch persönlichen Angelegenheit herumzudiskutieren.

Singles können unabhängig entscheiden, Familienväter und -mütter müssen sich überlegen, wie der Aufenthalt am besten in das Familienleben eingefügt werden kann. In einem Fall, der glücklicherweise ausgesprochen positiv endete, hatte ein Familienvater mit zwei halbwüchsigen Kindern zunächst niemanden unterrichtet, um sich selbst klar zu werden, ob er sich und den Angehörigen Kloster auf Zeit zumuten kann. Erst nach wochenlangem Zögern hat er mit seiner Frau gesprochen und seine Motive erläutert. Er stand vor einer wichtigen Berufsentscheidung. Die Familie wusste natürlich, dass er sich selbständig machen wollte. Warum aber sollte er den definitiven Schritt ausgerechnet im Kloster tun? Der Betreffende hat dann aber doch die Offenheit der Angehörigen für eine solche Denkpause in der klösterlichen Abgeschiedenheit erfahren dürfen. (Nach seiner Rückkehr riskierte er den Weg in die berufliche Selbständigkeit.)

Das Beispiel demonstriert, wie viele Fragen da auf einen zukommen können. Was treibt mich, mich mit dem Gedanken eines Klosterbesuches anzufreunden? Entspannung kann in wenigen Tagen gefunden werden. Das Klosterleben kann man oberflächlich auch in kurzer Zeit kennen lernen. Mit Mönchen oder Nonnen tatsächlich mitzuleben erfordert, sich tiefer darauf einzulassen. Scheinbar bestätigte Vorurteile, Fehleinschätzungen und damit Enttäuschungen, weil hinter Klostermauern und in Kutten auch nur Menschen stecken, könnten mehr Schaden als Nutzen anrichten.

So ganz leicht ist es außerdem auch nicht, das mit frühem Aufstehen und zeitigem Zubettgehen verbundene meditative Leben in den Klöstern mitzumachen, wenn man den hektischeren weltlichen Alltag gewöhnt ist und die innere Uhr sich nicht so leicht umstellen lässt. Das allein kann eine Woche dauern. Wer sich darauf einlassen will, sollte also mindestens zwei Wochen veranschlagen, unabhängig von inhaltlichen Überlegungen. Wer diese Erfahrungen schon einmal gemacht hat und sich immer wieder ins Kloster zurückziehen will, kommt mit weniger Zeit aus. Aber eine Woche sollte es schon sein, um aufzutanken oder auszuspannen. Das schließt nicht aus, dass daraus Monate werden können oder dürfen.

An dieser Stelle soll auf eine Sorge der Mönche eingegangen werden: Sie wehren sich entschieden gegen die bereits erwähnte, anfangs zu hörende Unterstellung, Kloster auf Zeit diese in erster Linie der Anwerbung neuer Mönche und Nonnen. Jeder Klostergast sollte sie sich von vornherein aus dem Kopf schlagen, weil derartige Verdächtigungen das unbefangene Sich-Einlassen auf Klosterleben belasten. Mit Kloster auf Zeit will kein Orden Nachwuchs für die Klöster rekrutieren, auch wenn die geringe Zahl von Mönchen im Vergleich zu den Kapazitäten ihrer Häuser diesen Verdacht schüren mag (und die Klöster es nicht ablehnen würden, wenn jemand aus den zeitlich begrenzten Erfahrungen eine Berufung fürs Leben entdeckt). Umgekehrt wird eine Schlussfolgerung daraus: Die leer stehenden Zellen zwangen dazu, darüber nachzudenken, wie sie belebt und wie wirtschaftliche Engpässe gemildert werden könnten – Klöster erhalten kaum oder gar keine Zuschüsse von der Kirche und müssen für ihren Erhalt großenteils selbst sorgen.

2.
Welche Orden bieten Kloster auf Zeit an?

Sehr viele Orden bieten heute Kloster auf Zeit an, nachdem eine anfängliche Scheu zu überwinden war. Der Schritt in die Welt, Menschen aus dem Alltag herauszuholen und am Klosterleben teilhaben zu lassen, ist manchen religiösen Gemeinschaften keineswegs leicht gefallen. Was kommt da auf uns zu, mag sich mancher Obere, manche Oberin, mancher Prior oder Abt skeptisch gefragt haben. Was erwarten die Menschen von uns? Stören sie, verunsichern sie die Mitbrüder und Mitschwestern, belasten sie das keineswegs immer leichte Gemeinschaftsleben im klösterlichen Kosmos? Schaden sie am Ende mehr, als ihr Aufenthalt für sie und die Klöster nützlich sein konnte? Ganz von der Hand zu weisen waren solche Fragen nicht. Inzwischen hat aber ein derartiger Boom in Richtung Klöster eingesetzt und liegen so viele positive Erfahrungen vor, dass die meisten Orden Gäste auf Zeit aufnehmen, sie an ihrem Leben teilnehmen lassen und selbst gerne einen fruchtbaren Dialog mit ihnen führen.

Die große Frage stellt sich nicht mehr mit Ja oder Nein zum Kloster auf Zeit. Die Grundfrage richtet sich an das Wesen der Orden. Welcher kann aufgrund seiner Ziele, seiner Rolle und seiner Voraussetzungen überhaupt Gäste aufnehmen?

Die große Gruppe der Mönchsorden sieht keine Schwierigkeiten. Das gilt für Benediktiner über Dominikaner, Franziskaner und Kapuziner bis hin zu den entsprechenden Frauengemeinschaften etwa der Klarissen. Kurz gesagt kommen alle Orden in Betracht, die in klassischen Klöstern leben. Selbst Schweigeorden wie die Trappisten öffnen bedingt, restriktiv und für Einzelne ihre Pforten, auch wenn die Klausur, die nur Ordensleuten, die dem Schweigegebot unterliegen, vorbehalten ist, für die Gäste Sperrgebiet bleibt. Dennoch kann ein Aufenthalt im Ambiente eines solchen Klosters des reinen Gebetes eine unvorstellbare Erfahrung an Spiritualität, Selbstfindung und Meditation öffnen. Wer mit Stille und tagelangem Schweigen nicht zurechtkommt, sollte dies allerdings besser nicht weiter in Erwägung ziehen.

Orden, die in der praktischen Seelsorge arbeiten, können keine Gäste aufnehmen. Sich bei ihnen aufhalten zu wollen, wäre so etwas wie ein Seelsorgepraktikum in einem beliebigen Pfarrhaus – was vielleicht auch seine Reize hätte. Bislang hat nur noch niemand an eine solche Praxis gedacht, auch wenn es für viele eine heilsame Erfahrung wäre, den Alltag eines Pfarrers zu erleben. Das steht aber auf einem ganz anderen Blatt, als hier beschrieben werden soll.

Nehmen wir ein Beispiel: Jesuiten, die in einer Großstadt oder an einer Hochschule als Seelsorger arbeiten, leben in einem häuslichen Umfeld und Alltag, die sich nur wenig von dem von Singles, die ihrem Beruf nachgehen, oder von Wohngemeinschaften mit einer besonderen Spiritualität unterscheiden. Klöster kennen sie nicht. Auch keine Ordenstracht und Klosterordnung. Ein stilles Ordensleben hat ein jesuitischer Seelsorger gewiss nicht.

Alle klösterlich lebenden Gemeinschaften kommen in Frage. Für welche man sich entscheidet, hängt von individuellen Erwartungen und örtlichen Bedingungen ab. Will ich weitab in die Einsamkeit eines ländlichen Klosters, möglichst noch mit landwirtschaftlichem Betrieb, oder lieber in eine eher städtische Umgebung, in ein Kloster mit Ausstrahlung in seine Umwelt, etwa eine Wallfahrtsstätte, wie es oft Benediktinerabteien sind, deren Brauerein mindestens so berühmt sind wie ihre schmucken Kirchen? Oder will ich mich handwerklich betätigen, im Klostergarten mitarbeiten, Ikonen malen lernen oder nach meinem Aufenthalt Bücher binden können? Oder träume ich schon lange davon, mich von gregorianischen Gesängen tragen und beruhigen zu lassen? Auch das wäre in einem Benediktinerkloster ideal anzutreffen.

An den Beispielen ist leicht zu erkennen, dass es keinen generellen Ratschlag geben kann. Es gibt keine Empfehlung für den ultimativ richtigen Klosteraufenthalt. Klosterleben ist entgegen landläufiger Vorstellung von Einförmigkeit weit entfernt. Gründliche Information über den Orden und die Lage des Hauses, die jeweiligen Aktivitäten sind deshalb Fall für Fall unerlässlich.

Die Aufnahme von Gästen gehört zum Selbstverständnis letztlich aller geistlichen Gemeinschaften. Ablehnungen müssen dennoch ausgesprochen werden, wenn Erwartungen und Angebot nicht zusammenzuführen sind.

(Vgl. auch das folgende Kapitel, „Welcher Orden für welche Zeit?“)

3.

Wie finde ich das für mich richtige Angebot?

Wer systematisch vorgeht, vermeidet von vornherein eine Enttäuschung. Nachdem klar ist, was man erwartet, wann man ins Kloster gehen will und für welche Zeit, klärt man also den Orden ab. Dazu verschicken die Ordensvereinigungen Broschüren.

Im Internet findet sich eine große Menge von Hinweisen und Adressen (www.orden.de, www.orden-online.de, www.kloesterreich.at, www.kath.ch/kloster_auf_zeit; vgl. auch Frage Nr. 15). Kein Kloster, das Gäste aufnimmt, verzichtet auf Präsenz im Netz und ist nicht per E-Mail zu erreichen. Links finden sich wechselseitig von den Klöstern zu den Orten, in denen sie liegen, zu Veranstaltungen, Gastronomie und Touristischem, Ausflügen und Wegweisern. Sie informieren über geographische Lage, günstige Anreise mit Bahn oder Auto und über das Ambiente.

Erfahrungsgemäß empfiehlt sich ein kurzer Besuch zur Besichtigung, wenn das Kloster nicht weit entfernt liegt. Noch immer gibt es in den deutschsprachigen Ländern so viele Klöster, dass kaum mehr als eine Stunde Autofahrt erforderlich ist, um eines zu besuchen. In Europa haben erstaunlich viele Säkularisierung und wirtschaftliche Not, Zerstörung und Auszehrung überlebt, auch wenn einige nur noch von wenigen älteren Mönchen oder Nonnen bewohnt werden.

Am Ort selbst lässt sich auch problemlos klären, welche konkreten Angebote bestehen, die den eigenen Bedürfnissen entsprechen. Der Vorgeschmack bei einem Besuch kann schon fast eine halbe Klosterzeit sein. Nehmen wir ein Beispiel: Eine Fahrt von einem bayerischen Kloster zum anderen oder entlang der Oberschwäbischen Barockstraße bietet Kunstgenuss pur, entspannende Landschaften und meist auch kulinarische Erlebnisse. Es muss ja nicht immer gleich ein berühmtes Kloster sein. Nicht auszuschließen ist als Konsequenz eines solchen ersten Besuchs vor Ort natürlich auch, dass jemand, der sich daheim im stillen Kämmerlein sich einen Klosteraufenthalt als das Richtige ausgemalt hat, angesichts der Wirklichkeit lieber verzichtet. Bedenkzeit ist dann allemal besser als Enttäuschung.

Neben den allgemeinen Schilderungen in Prospekten und im Internet haben fast alle Klöster, die Gäste aufnehmen, eigene Websites. Dort werden das Jahresprogramm vorgestellt und die spezifischen Gegebenheiten geschildert. Wer sich einen längeren Anlauf mit Bedenkzeit für einen Aufenthalt erst in einigen Jahren vornimmt, sollte sich durch Abonnements von kostenlosen Newsletters auf dem Laufenden halten. Es gibt Ordenshäuser, die regelmäßig solche Newsletter per E-Mail verschicken und virtuell jeden Interessierten am Klosterleben aus der Ferne teilhaben lassen. Dazu gehören beispielsweise die Benediktiner von Nütschau in Schleswig-Holstein. Da findet sich im Laufe eines Jahres mit Sicherheit ein reizvolles Angebot nach Maß.

Nicht zuletzt gibt es auch noch Telefon und Fax. Für einen ersten Kontakt reicht ein kurzer Anruf, um Material zu bestellen oder einen Besuch zu vereinbaren. Dabei sollte man im Auge behalten, dass Mönche und Klosterschwestern nicht den ganzen Tag neben dem Telefon sitzen, auch wenn es speziell abgeordnete Ansprechpartner für Gäste gibt. Zwischen 9.00 und 11.00 Uhr können die betreffenden Personen am ehesten erreicht werden. Das entspricht der Tageszeit von nicht-religiösen Aktivitäten.

Kloster Nütschau
Haus Sankt Ansgar
und Stiller Bereich
Schlossstr. 26
23843 Travenbrück
Tel.: 0 45 31/50 04-0
Fax: 0 45 31/50 04-1 00
(Mo.–Sa.
8.00–12.00 und
14.30–17.00 Uhr)
http://www.kloster-nuetschau.de

Es mag klingen, als wäre Kloster auf Zeit ein besonders beschwerliches Vorhaben. Darum geht es gar nicht. Dieser Eindruck wäre falsch. Jeder, der ein Hotel bucht und sich nicht auf ein abenteuerliches Last-Minute-Angebot einlässt mit allen Risiken, erkundigt sich doch auch vorher. Und hier geht es nicht nur um Zimmer, Dusche, WC, Strand und Küche. Klosterurlaub ist schon etwas Besonderes oder zumindest etwas weit weniger Alltägliches als Urlaub im Hotel.

4.

Muss ich praktizierender Christ sein, um Kloster auf Zeit machen zu können? Bringt mir Kloster auf Zeit auch dann etwas, wenn ich Atheist bin und eigentlich nur die Stille suche?

Die innerdeutsche Grenze war kaum offen, als sich ein junger Mann aus der noch bestehenden DDR bei einem niederbayerischen Kloster zu zwei Wochen Kloster auf Zeit anmeldete. Er wurde nicht gefragt, was er glaube, ob er überhaupt gläubig sei. Er konnte seine private Anonymität wahren und ging nach den beiden Wochen wieder nach Hause, ohne sie preiszugeben. Der zuständige Abt würde gerne noch erfahren, was die Zeit im Kloster dem jungen Mann gebracht hat. Er weiß es nicht und forscht auch nicht nach. Das Angebot soll für jeden offen sein. Wer sich mitteilen möchte, kann dies gerne tun. Er kann dabei nur gewinnen, weil sich manche Fragen leichter im Dialog lösen lassen. Wenn er sich aber nicht offenbaren will, soll er dies genauso frei und ohne Insistieren tun dürfen. Sicher schien im geschilderten Fall, der aus Respekt vor der Person nicht näher benannt wird, dass der junge Mann mehr zufällig von dem Angebot erfahren hatte. In seiner Heimat hatte er kaum mit Kirche zu tun. Aber so genannte „letzte Fragen" beschäftigten ihn, der vermutlich als Atheist angereist war, offenbar intensiv.

„Praktizierender“ Christ muss niemand sein. Auch dem „Atheisten“ kann Kloster auf Zeit etwas bringen, Voraussetzung ist allerdings, dass er dem, was im Kloster auf ihn zukommt, mit großer Offenheit und Aufrichtigkeit begegnet und sich darauf einlässt.

Die Benediktiner von Niederaltaich beobachten beispielsweise, dass in ihren Kursen die konfessionelle und religiöse Bindung der Teilnehmer sehr breit gefächert ist. Praktizierende, nicht praktizierende evangelische und katholische Christen, Ungetaufte, Menschen, die seither ihre Orientierung beispielsweise in fernöstlichen Religionen oder in der New-Age-Bewegung suchten, finden sich darunter. Auch „Atheisten“ nehmen teil, wobei das Wort vom Kloster gerne wie hier in Anführungszeichen geschrieben wird, weil es so pure Atheisten, also Gottesleugner, kaum gebe, und wenn, dann würden sie sich dem klösterlichen Besinnungsangebot nicht aussetzen wollen.

5.

Wie lange im Voraus muss ich mich orientieren bzw. anmelden?

Genauso unterschiedlich wie die Angebote von Klosteraufenthalten sind die Fristen, die zur Anmeldung sinnvoll sind. Bei so beliebten Programmen wie „Kloster auf Zeit" der Benediktiner mit ihren Vorträgen und festen Abläufen muss mit langen Wartezeiten gerechnet werden. Die Anmeldung sollte in jedem Fall spätestens ein halbes Jahr vor dem geplanten Termin eingegangen sein.

Anders verhält es sich natürlich bei Aufenthalten, in denen nur die Stille gebucht wird. Eine Zelle kann meistens zur Verfügung gestellt werden. Es gibt jedoch Zeiten, in denen dies weder erwünscht noch technisch machbar ist. Das hängt vom Kirchenkalender ab. So zieht es besonders viele Menschen hinter Klostermauern, wenn große christliche Feiertage bevorstehen und beispielsweise bestimmte, großartige Liturgien mitgefeiert werden können. Das kann am Karfreitag sein, in der Osternacht oder zum Patrozinium (Fest des Schutzpatrons). Es gibt Klostergemeinschaften, die in der Karwoche unter sich sein wollen, andere laden gerade zu Bußtagen gerne Gleichgesinnte ein. Die unterschiedlichen Beweggründe führen zu gegensätzlichen Lösungen. Da ist rechtzeitige Anfrage dringend zu empfehlen.

Nicht immer führt der Rückzug ins Kloster im zeitlichen Umfeld von hohen Feiertagen auch in die Stille. Bei Klöstern in Wallfahrtszentren herrscht in diesen Zeiten rund um die ehrwürdigen Mauern ein derartiger Besucherandrang, dass tagsüber so gut wie keine Besinnlichkeit aufkommen will.

6.
Was kostet ein Klosteraufenthalt auf Zeit?

Kirchliche Orden haben sich stets der Gastfreundschaft verpflichtet. Fremde aufzunehmen bildet ein grundlegendes Element des Klosterlebens. Daran lassen die Orden auch nicht rütteln. Wenn aber schon wirtschaftliche Not sie zwingt, für ihre Leistungen, für den Unterhalt der Baulichkeiten, für die Pflege der Anlagen und letzten Endes für die Lebenshaltung der Mönche und Schwestern Besucher zu beherbergen, dann heißt das nichts anderes, als dass eine Bezahlung erwartet oder konkret in Euro und Cent gefordert wird.

Dennoch reichen diese Erwartungen von null bis hundert, könnte man fast sagen. Die Priorin eines Frauenklosters, das zu einem Bettelorden gehört, wollte die Frage nach den Pensionskosten der Gäste nicht eindeutig beantworten. Natürlich bräuchten sie jeden Euro, um das Kloster zu erhalten. Natürlich seien Spenden willkommen. Aber verpflichten wolle sie niemanden.

„Jeder gibt, was er kann oder für richtig hält", meinte sie. Dazu kann auch gehören, dass der Gast in der Küche mitarbeitet, in der Landwirtschaft mit Ställen und Hühnerhof oder im Klostergarten. Eine Sonderrolle der Mitarbeit nimmt die Küche ein. Das für Männer und Frauen offene Kloster in Stühlingen nahe der Schweizer Grenze bei

Schaffhausen betrachtet den Küchendienst nicht als Deckungsbeitrag für den Aufenthalt, sondern als Gelegenheit zur Kommunikation. Die Priorin hat die Spende einer Geschirrspülmaschine mit einer einleuchtend einfachen Begründung zurückgewiesen: Beim Spülen, Abtrocknen und Einsortieren des Geschirrs kommen Menschen miteinander ins Gespräch, die in der organisierten Gesprächsrunde in einem Kurs kaum über ihre wirklichen Probleme reden wollen. Beim Spülen mit der Hand lockern sich die Zungen, weil das Gespräch unverbindlich erscheint, ganz nebenbei, ohne Verpflichtung, ohne Erwartungen, ergebnisoffen und jederzeit ohne längere Einlassung abbrechbar.

Kapuzinerkloster Stühlingen
Lorettoweg 12
79780 Stühlingen
Tel.: 0 77 44/9 39 93
Fax: 0 77 44/93 99 60
E-Mail: stuehlingen@kapuziner.org
http://www.kapuziner.de/stuehl

Die Klostergärten ziehen dagegen aus ganz anderen Gründen, die durchaus in Geld zu honorieren wären, Besucher an. Diese wollen nicht mit dem Spaten arbeiten, nicht säen und nicht ernten. Sie haben von den vielfältigen Kostbarkeiten der Klostergärten für gesundes Essen, aber auch für die Heilkunde gehört und wollen die traditionsreiche klösterliche Garten- und Kräuterkunst vor Ort kennen lernen; eine Absicht, die leicht mit einem mehrtägigen Klosteraufenthalt zu vereinbaren ist.

Gerade Frauenklöster mit Gärten erscheinen dieser Gruppe von Besuchern als die richtige Adresse, um Naturheilkunde zu studieren, um sich mit uralten wohlschmeckenden oder heilsamen Rezepturen vertraut zu machen. Der Umgang mit dem Rohmaterial, den Kräutern in den Gärten, bietet sich da selbstverständlich an. Nirgends werden Leib und Seele so gesund zusammengeführt.

Wer im Kloster nicht gerade leichte Gartenarbeit auf sich nimmt, wird meist nicht zur Kasse gebeten, nicht einmal mit einem leisen Wink. Aber bei so viel „Gewinn" für den Klostergast gebietet es sich von selbst, einen baren Beitrag für den Klosterbetrieb zu leisten. Wer es sich aber nicht leisten kann und dennoch nicht auf die Zeit im Kloster verzichten will, darf auch ohne einige Münzen und Scheine für den Klingelbeutel wieder nach Hause. Das wird diskret akzeptiert. Diese Frage kann auch im Voraus geklärt werden. Doch auch die sanftmütigste Klosterfrau freut sich nicht, wenn Menschen sich einen kostenlosen Aufenthalt erschleichen, den sie durchaus bezahlen könnten. Beim nächsten Versuch könnten solche Gäste vor verschlossenen Pforten stehen.

Manche Klöster geben Tarife an, wenn es sich um reine Übernachtungsgäste handelt, unabhängig davon, wie lange sie bleiben. Da wird abgerechnet wie im Gasthof. Das ist inzwischen übrigens zunehmend eine reine wirtschaftliche Erwerbsmöglichkeit für Klöster, die ausdrücklich Gäste aufnehmen, ohne an deren Teilnahme am religiösen Leben überhaupt nur zu denken. Dieses findet sozusagen im anderen Teil des Klosters statt, zu dem der Gast keinen Zugang hat.

Das Kloster als günstige Anlaufstelle zum Übernachten findet sich vielfach an großen Pilgerstätten. In Rom wirtschaften mehrere Dutzend Ordenshäuser auf diese Weise. Sie haben ihre Zellen zu Hotelzimmern hergerichtet mit allem, was in der jeweiligen Preiskategorie zu erwarten ist. Diese Zellen-Zimmer werden zu Preisen vermietet, die um ein Drittel bis zur Hälfte unter den vergleichbaren Hotelpreisen liegen. Das kann in der Ewigen Stadt die Reisekasse spürbar entlasten.

Solche rein wirtschaftlichen Überlegungen spielen beim „echten" Klosterurlaub eine untergeordnete Rolle. Wer ein bis zwei Wochen im Kloster mitlebt, rechnet damit, dass Vollpension nicht kostenlos zu haben ist. Alles andere wäre realitätsfern. Günstige Pensionspreise sind allemal zugrunde zu legen.

Teurer werden organisierte Klosteraufenthalte mit Vortrags- und Meditationsprogrammen. So kosten zwei Wochen Kloster auf Zeit in Niederaltaich für Ersttteilnehmer im Einzelzimmer mit Nasszelle 690,– Euro, im Einzelzimmer mit Etagen-WC und -Dusche 550,– Euro. Der Richtpreis für Kursgebühren liegt bei 140,– Euro.

Ökumenisches
Institut der Abtei
Niederaltaich
94557 Niederaltaich
http://www.abtei-niederaltaich.de/Kloster_auf_Zeit

Wiederholungsgäste zahlten 2005 für das Einzelzimmer mit Nasszelle 350,– Euro für eine Woche, mit Etagen-WC/

-Dusche 280,– Euro. Der Richtpreis für Kursgebühren lag bei 70,– Euro. Bei Bedarf gewähren die Benediktiner Ermäßigung, die im Einzelnen abgesprochen wird und sehr weit gehen kann. Niemand, so wird betont, soll aufgrund finanzieller Gegebenheiten von Kloster auf Zeit oder auch von einem sonstigen Gastaufenthalt im Kloster ausgeschlossen sein.

7.

Gibt es Kloster auf Zeit auch für Paare oder Familien? Kann ich mit einem guten Freund/einer Freundin gemeinsam Kloster auf Zeit absolvieren?

Eine ganz wichtige Frage stellt sich bei den meisten Klosterbesuchern nach den Möglichkeiten, allein, mit Partner oder gemeinsam mit der Familie unterzukommen. Für reine Ferienzeiten in aller Stille kann das angehen. Für Brautpaare mögen solche Überlegungen sehr nützlich sein. Verschiedene Klöster lassen auch Paare zu. Sie sind aber die Ausnahme, weil es keine gemischten katholischen Ordensgemeinschaften gibt. Wenn Paare oder Familien untergebracht werden können, ist es in der Regel so, dass die Orden dafür getrennte Gästehäuser bereitstellen. Das ist dann ein Leben *am* Kloster.

Besonders zu empfehlen sind solche gemeinsamen Klostertage nach einer stichprobenartigen Umfrage, die ich als Autor gemacht habe, wohl eher nicht. Die geringe Zahl an Klöstern, die für Männer und Frauen zusammen offen sind, erschwert die Auswahl. Die Paare dürfen nicht in den abgeschlossenen Klausurbereich, der solche Gemeinsamkeiten eben bewusst und den Ordensregeln gemäß nicht kennt.

Wer freilich nur gemeinsam zurückgezogen einige Zeit leben will, findet ein passendes Kloster am ehesten in Frankreich. Dort sind solche Familienaufenthalte populärer. Auch Kinder sind willkommen. Doch auch dort gilt, dass die Aktivitäten der Gäste nicht ins Innenleben des Klosters reichen.

Eine weitere Überlegung gründet auf verschiedenen Gesprächen, die ich mit Klosterurlaubern geführt habe. Für viele von ihnen ermöglichten die Tage im Kloster eine vollständige Besinnung auf sich allein. Das schließt auch die Familie aus. Ich kenne kein Angebot von Kloster auf Zeit, das für Männer und Frauen gleichzeitig offen wäre. Was bringen Klosterzeiten, wenn die wichtigste Unterscheidung zu anderen Urlauben, nämlich die Einsamkeit, das Alleinsein, das Auf-sich-selbst-Besinnen nahezu ausgeschlossen wird? Teilnehmer könnten durch die Anwesenheit des Partners oder eines Freundes vielleicht sogar davon abgehalten werden, wirklich in die eigene Tiefe zu gehen. Es hängt also auch davon ab, was der Einzelne von Kloster auf Zeit erwartet bzw. gerade benötigt und auch davon, wie viel Freiheit die Freunde sich dann gegenseitig vor Ort zugestehen können. Untersuchungen belegen, dass es heute zumindest unter Männern wirkliche Freundschaften (Cliquen, Kameraderie, Kumpanei und Kollegenkreis zählen mit Sicherheit nicht dazu) nicht gibt, in denen beide Beteiligten sich ihre innersten Fragen erschließen.

Programme für Kloster auf Zeit können sehr wohl mit einem Freund oder einer Freundin besucht werden, aber als Paar oder mit Familien? Da sagen die Klöster von sich aus Nein, verweisen aber gerne auf spezielle Angebote wie

„Brautwochen" (wozu auch der Bräutigam gehört). Einkehrtage zur Ehevorbereitung finden sich in allen Diözesen. Diese Angebote der praktischen Seelsorge gehören aber in einen ganz anderen Zusammenhang, der ebenso wenig mit Klosterurlaub zu tun hat wie Exerzitien. Dazu mehr weiter unten.

8.

Nehmen die Klöster die Gäste in Gruppen auf oder bin ich Einzelgast?

Im Unterscheid zu Kloster auf Zeit mit Kursprogramm bieten gerade die auf Gäste schon stärker ausgerichteten Klöster verschiedene Möglichkeiten auch für Gruppen. Das sind dann aber meist nicht die neueren Klosterurlaube, sondern Kurse und Seminare, die schon lange zum festen Angebot der Orden gehören, oft in Zusammenarbeit mit kirchlichen Organisationen. Vielfach können Gruppen auch ihre eigenen Programme gestalten und die Klostereinrichtungen (Säle, Zimmer, Tagungsräume) als abgeschirmten Aufenthaltsort wählen.

Daneben nehmen die meisten Klöster auch Einzelgäste auf (Männer und Frauen), die an den Gottesdiensten teilnehmen können. In Benediktinerklöstern können die Männer auch an den Mahlzeiten mit den Mönchen im Refektorium, dem Speisesaal der Mönche, teilnehmen und, soweit personell möglich, auch geistliche Begleitung für diese Tage in Anspruch nehmen.

9.

Was unterscheidet Kloster auf Zeit von Exerzitien?

Der wesentliche Unterschied zu Exerzitien liegt darin, dass es beim Kloster auf Zeit vor allem um Teilnahme an einer gewachsenen christlichen Lebensform geht, eben der monastisch-benediktinischen, in der wesentliche Inhalte des Glaubens vermittelt werden können durch Teilhabe an der Erfahrung der „Mönche auf Lebenszeit".

Die Vorträge, so wichtig sie sind, stehen doch nicht im Vordergrund, wirken eher anregend und vertiefend, urteilt beispielsweise das Kloster Niederaltaich. Exerzitien als geistige Übungen stellen eine Lehrübung in den Vordergrund. Kloster auf Zeit steht im Zeichen einer spirituellen Erfahrung. Es lässt dem Einzelnen mehr Freiheit. Er kann seinen Klosteraufenthalt individuell gestalten, wenn er nicht ausdrücklich an einem Programm beteiligt sein will. Bei Exerzitien mit ihren festen Abläufen und Strukturen ist dies nicht möglich, weil in ihnen oft thematisch vorgegeben bestimmte geistliche Ziele erreicht werden sollen, wie in einem speziellen Unterricht und nicht wie in einer freien Besinnungszeit. Exerzitien sind nur in einem religiösen Auftrag denkbar. Kloster auf Zeit setzt eine religiöse Bindung nicht voraus. (Vgl. dazu Frage Nr. 4.)

10.

Gibt es „Gegenanzeigen"? Wann ist von Kloster auf Zeit abzuraten?

Kloster auf Zeit oder jeder sonstige Klosterurlaub kann dem Einzelnen helfen, zu sich selbst zu finden, wenn er, salopp formuliert, kein Fall für den Psychiater ist. Psychisch kranke Menschen sollten sich auf das Abenteuer hinter Klostermauern nicht einlassen. Die Entdeckung, in der Stille nahezu ganz auf sich allein gestellt zu sein, könnte eine zu große Belastung darstellen. Das hängt natürlich von der Schwere der psychischen Erkrankung und den psychiatrischen Behandlungsmöglichkeiten ab.

Zurückhaltung signalisieren die Klöster auch bei Menschen, die Psychopharmaka einnehmen. Suizidalität, Selbstmordgefahr sei sicher eine Gegenanzeige, warnen sie. Es ist einfach zu schwierig, sich in die Stille des Klosters zurückzuziehen – so ihre Erfahrung –, wenn ein Mensch sich nicht auf sich selbst einlassen bzw. Stille nicht aushalten kann. Da hat schon mancher körperlich und geistig Gesunde vorzeitig die Flucht ergriffen oder sich für einen Tag aus dem Kloster abgemeldet, um „unter Menschen" zu kommen. Ein Stadtausflug oder ein Spaziergang kann da helfen – aber nicht in den geschilderten Problemfällen.

11.

Was „bringt" Kloster auf Zeit? Was kann man realistischerweise erwarten?

Auf diese Fragen fällt Mönchen und Nonnen einiges ein: Vermittlung und Vertiefung von Glaubensinhalten; Auseinandersetzung mit dem eigenen Leben, Lebensentwurf, Lebensinhalt; Orientierungshilfen; Identität und Integrität; Stärkung im Glauben. Zu jedem einzelnen Punkt können sie auf ihre Erfahrungen und Beobachtungen zurückgreifen.

Die Heilung von psychischen Krankheiten kann kein Klosteraufenthalt wirklich leisten. Die Klöster empfehlen in diesem Falle von vornherein, nicht zu ihnen zu kommen. Aber wer mit sich nicht im Reinen ist, wer eine Lebens- oder Sinnkrise durchzustehen hat, wer Leid erfahren hat und es nicht allein verarbeiten kann, wer seinen Glauben vertiefen oder überhaupt erst Glauben erfahren will oder wer einfach in aller Stille bei sich sein will, absolute Ruhe genießen und einen ausgeglichenen Tagesablauf ohne Stress und Mühe erleben will, der kommt mit Sicherheit auf seine Kosten.

Der Erfolg hängt mit der Dauer des Aufenthalts eng zusammen. Bestimmte Ziele können an einem Wochenende, vor allem wenn man sich häufiger für zwei, drei Tage ins Kloster zurückzieht, realisiert werden. Einige gute Gespräche mit Gleichgesinnten, einem Pater, einer Schwester, Spaziergänge im Kreuzgang, Meditation oder zwei Messen mit gregorianischen Gesängen können kleine Wunder bewirken. Den

Alltag für ein Wochenende in einem solchen Ambiente zu vergessen wiegt mehr als manche Urlaubswoche.

Über mögliche innere Barrieren bei sich selbst sollte sich aber jeder Klarheit verschaffen. Wer sich für klösterliches Ambiente nicht öffnen will, wer nur Ansprüche und Erwartungen hegt, ohne sich selbst bereit zu erklären, das Kloster, wie es ist, zu akzeptieren, kann allerdings auch enttäuscht nach Hause fahren. Klosterurlaub setzt die Bereitschaft voraus, klösterliches Leben zumindest verstehen zu wollen. Die Mönche drängen sich niemandem auf. Beichten oder persönliche Gespräche werden nicht verordnet. Man muss sie wollen. Dann tragen sie auch Früchte.

Auf die Frage nach dem, was Klosterurlaub bringt, kann auch geantwortet werden: So viel Entspannung, Zufriedenheit und Erholung, wie man bereit ist, an Offenheit zu investieren. Wer sich nicht mitteilen will, wer keine Meditationshilfe beanspruchen mag, wer nur einfach Ruhe und Stille genießen will, wird auch dies erhalten. Mehr aber auch nicht.

12.

Ich möchte, bevor ich mich darauf einlasse, mit jemandem sprechen, der Kloster auf Zeit schon gemacht hat. Geht das? Wie komme ich an solche Ansprechpartner?

Ein Treffen mit einem ehemaligen Klostergast kann in vielen Fällen durch nichts ersetzt werden. Da helfen auch gedruckte Erlebnisschilderungen nicht immer weiter. So jemanden zu finden ist aber gar nicht so einfach, wenn man nicht im persönlichen Bekanntenkreis zufällig einen Klosterurlauber kennt. Die Schwierigkeiten haben viele Gründe.

Selten wird jemand ohne weiteres publik machen, dass er im Kloster war. Klosterurlaub gehört zwar nicht mehr zu den Tabus, ist auch keine Affäre mehr für nicht ganz Normale, für besonders Fromme oder Weltfremde. Der Trend breitet sich aus und normalisiert den Weg in Klosterzeiten. Hier bauen sich die Hindernisse ab. Anders sieht es in Bezug auf die persönliche Motivation aus.

Da im Klosterurlaub intime, persönliche Fragen berührt werden, über die die Teilnehmer gewöhnlich nur im Familien- oder Freundeskreis sprechen, gestaltet sich die Suche nach klostererfahrenen Menschen mühsam. Wie will man so jemanden finden, wenn man möglicherweise auch noch in einem nicht-religiösen Umfeld lebt, wo kaum jemand je an einen Klosterlaub gedacht hat? Aus eigener Erfahrung kann ich nur empfehlen, sich nicht zu scheuen, das Thema

Klosterurlaub offen anzusprechen. Man braucht ja nicht gleich zu verraten, welche Absichten man damit verbindet – einfach mal einen Versuch riskieren. Da kann Erstaunliches geschehen. In den vergangenen fünf Jahren haben so gut wie alle deutschen Zeitungen oder Zeitschriften, gewöhnlich im Reiseteil, über Klosterurlaub berichtet. Viele haben es gelesen und vergessen und werden wieder neugierig, wenn das Thema zur Sprache kommt. Und, so meine Beobachtung, so mancher hat es tatsächlich schon ausprobiert, ohne darüber zu reden.

Erweist sich das Sondieren im Bekanntenkreis als ergebnislos, kann wiederum ein Blick in die Liste der Klöster weiterhelfen, die sich als Gastgeber anbieten. Sie vermitteln, wenn es erwünscht ist, auch Ansprechpartner außerhalb des Ordens. Das kann allerdings lange dauern, weil nicht jeder Ehemalige so ohne weiteres bereit ist, Fremden über seine Erfahrungen zu berichten. Am ehesten helfen Menschen weiter, die schon wiederholt eine Zeit lang hinter Klostermauern gelebt haben und mit einer gewissen Routine den Umgang mit sich und den anderen Teilnehmern beurteilen können. Bei hellauf Begeisterten sprudelt es nur so von klösterlichen Erfahrungen.

Eines geht auf keinen Fall: Der Datenschutz verhindert, dass die Klöster die Adressen ihrer Gäste weitergeben. In jedem Fall müssen die möglichen Ansprechpartner zuvor um ihr Einverständnis gebeten werden.

13.

Gibt es Kloster auf Zeit auch im Ausland?

Viele Klöster in ganz Europa haben entdeckt, dass die Nachfrage nach ihren Angeboten steigt. Sie haben sich deshalb mit wachsendem Interesse darauf eingestellt. In dem von mir verfassten „Klosterurlaubsführer" sind rund 500 Adressen in ganz Europa aufgelistet, bei denen es sich allemal lohnt, nach den jüngsten Angeboten zu fragen. Mit Sicherheit findet sich für jeden Wunsch eine Möglichkeit, erfüllt zu werden.

Die Suche läuft ab wie im Inland: Zunächst sollte sich jeder Klarheit über den richtigen Orden verschaffen und dann sich nach dem Land und Ort umsehen, an dem man die Klosterzeit am liebsten verbringen will. Klosterleben heißt für Gäste, die ins Ausland wollen, meist nicht Isolation. Das Ambiente spielt eine große Rolle. Südliches Lebensgefühl oder ein berühmtes Kloster, das wie Montecassino abendländische Geschichte und Kultur verkörpert, können zur Reise ins Ausland reizen. Den Ausschlag kann das Umfeld geben, wenn die Landschaft zu Spaziergängen einlädt, Kulturzentren in der Nähe liegen und zu Kunstausflügen oder Museumsbesuchen auffordern oder einfach nur zum Genuss etwa einer malerischen Landschaft in der Abgeschiedenheit eines Klosters in der Provence oder in der Toskana.

Alles ist heute möglich – mit einer gravierenden Einschränkung gegenüber den Klosterangeboten im eigenen Land. Klosterstille weckt die Vorstellung von Sprachlosigkeit, von Schweigen und Wortkargheit. Das kann so sein, muss es aber nicht. Sobald Gespräche erwünscht sind, müssen gute Kenntnisse der Landessprache unbedingt gegeben sein. Ein interessantes Gespräch, eine spirituelle Erfahrung, geistige Auseinandersetzung lassen sich nicht radebrechen. Die Sprachkenntnisse sollten nicht gerade eben zur Verständigung reichen. Ein Mindestmaß an Fähigkeit zu anspruchsvollerer Konversation sollte mitgebracht werden.

Abtei Montecassino
Öffnungszeiten
für Besucher:
8.30 – 12.30 Uhr,
15.30 – 17.00 Uhr
Sommerzeit: 18.00 Uhr
An Sonn- und Feiertagen ist der Einlass ausschließlich auf die Kirche beschränkt.
Messfeier um 9.00, 10.30, 12.00 Uhr.
Es werden geistliche Einkehrtage für Männer angeboten.
http://www.officine.it/montecassino

Sind solche Sprachkenntnisse vorhanden, eröffnen sich eine Menge Möglichkeiten. Wo es Klöster gibt, gibt es auch Gäste. Die Adressen sind über die jeweiligen Ordensvereinigungen zu erfragen oder auf ganz schnellem Weg über das Internet. Dort führen oft zahllose Links zu allen Sehenswürdigkeiten und touristischen, historischen oder kulinarischen Angeboten der Klosterorte und der nächsten Städte. Im Süden kann es kaum etwas Reizvolleres geben, als neben einigen Tagen größter Zurückgezogenheit sich dem quirligen Leben einer italienischen Provinzstadt auszusetzen und spät abends in die Stille zurückzukehren und die Eindrücke auf sich wirken zu lassen. Da kann etwa ein Kloster in der Großstadt die Geschäftigkeit der Umwelt ganz weit entfernt erscheinen lassen, obwohl sie nur wenige Meter jenseits der Umfassungsmauern liegt. Diese Nähe, diese Oasen der Stille im Getriebe beispielsweise der Großstadt Rom hinterlassen bleibende Eindrücke, die lange in den Alltag nachwirken.

Persönlich fühle ich mich, meinen Neigungen und meinem Lebensweg entsprechend, besonders zum südlichen Lebensgefühl hingezogen. Englisch beherrschen jedoch weitaus mehr Deutsche als Französisch, Spanisch oder Italienisch. Die Wege ins Kloster können ebenso gut wie in die mediterrane Welt nach Großbritannien – nach Schottland oder Nordengland – oder Irland führen, wo Klöster stehen, die einem historische Erfahrung erschließen: Von hier aus wurde Mitteleuropa nach der Völkerwanderung christianisiert.

In der entgegengesetzten Richtung öffnen sich zunehmend die Klöster auf dem Balkan, in Polen oder Russland für westliche Gäste. Kloster-auf-Zeit-Programme wie bei den Benediktinern habe ich noch nicht gefunden, zumal die osteuropäischen Orden überwiegend zu orthodoxen Kirchen gehören, die rigoroser als die katholischen und erst recht die evangelischen Häuser im Westen Priester- und Mönchtum von den Laien, gewöhnlichen Gläubigen, trennen und sich abschotten. Gästehäuser in der Nachbarschaft oder in offenen Teilen der Klöster finden sich jedoch immer häufiger. Das Klosterleben erfasst die Gäste dann am ehesten in den stundenlangen schweren Liturgien mit ihren Wechselgesängen. Unvergessliche Eindrücke gewinnt jeder, der im östlichen Ritus sich versenken kann. In vielen westlichen Städten laden orthodoxe Kirchen auch Andersgläubige zum Gottesdienst ein, wo ein Vorgeschmack auf das Klosterleben gewonnen werden kann.

14.

Gibt es Websites, auf denen ich mich informieren kann?

Als ich 1999 für den „Klosterurlaubsführer" recherchierte, waren viele Klöster weder im Internet vertreten, noch konnten sie per E-Mail erreicht werden. Heute ist es gerade umgekehrt. Kein Haus, das für Gäste öffnet, verzichtet mehr auf eine Website oder müsste noch per Post angeschrieben werden, wobei die Schnelligkeit des Versandweges „E-Mail" nicht unbedingt heißt, dass auf elektronische Anfragen auch gleich geantwortet wird. Wer innerhalb von 15 Minuten, wie es schon üblich ist, eine Mailreaktion erwartet, wird auf eine harte Geduldsprobe gestellt. Das Klosterleben kennt keine Hektik und lässt sich auch nicht von moderner Kommunikation dazu zwingen. Eine Übung in Gelassenheit beginnt schon mit dem Warten auf Beantwortung der E-Mail. Am besten, man stellt sich von vornherein darauf ein und freut sich, wenn es dann doch mal schneller geht, weil der Gästepater oder Klosterurlaubsbetreuer gerade am PC zu tun hatte.

Wer sich ohne jegliche Zielsvorstellungen herantasten will, kommt am leichtesten zu den gewünschten Auskünfte über die übergeordneten Ordensvereinigungen unter www.orden.de. Von dieser Website führen so viele Links in alle religiösen, mönchischen und klösterlichen Richtungen, dass der Neugierige Mühe hat, mit der Suche aufzuhören. Flatrate empfiehlt sich also dringend. Die Links führen über die einzelnen Orden und ihre Klöster, deren Angebote, Regeln, Programme, Eigenheiten, Kurse und Inhalte zu den umliegenden Ortschaften, zu allem, was man sich an Kultur, Küche, Kunst oder Kurzweil nur wünscht. Es ist die pure Verführung zum Surfen einschließlich virtuellem Klosterbesuch mit Abstieg in die Katakomben und Blättern in den Schätzen der Klosterbibliothek.

15.

Gibt es Schnupper-Angebote?

Diese Frage hören viele Klöster gar nicht gerne. Schnuppern im Kloster? Nein danke. Ganz so harsch ist die Ablehnung denn doch nicht. „Schnuppern" ist auch eine Frage der Interpretation. Einen kurzen Besuch lehnt kein Kloster ab. Ein Sonntagsausflug zum gewünschten Kloster, Teilnahme an der Heiligen Messe oder einfach ein Rundgang lässt schnell erkennen, ob man an der richtigen Adresse gelandet ist.

Viele Klöster zählen schließlich zu den bekannteren Sehenswürdigkeiten, die immer viele Besucher anlocken. Man darf sich ruhig unter sie mischen, hinhören und sich umsehen. Für richtige Klosteraufenthalte von einer bis zwei Wochen empfiehlt sich statt eines Kurztrips am Wochenende, von dem in diesem Zusammenhang wegen des zu erwartenden Andrangs ohnehin abzuraten ist, ein Termin mit einem Verantwortlichen, der im Gespräch alle Fragen beantworten kann. Vor längeren Klosteraufenthalten und erst recht vor Kurswochen mit Vorträgen und Übungsprogramm lässt sich ein kurzer Aufenthalt als Einzelgast buchen, in dessen Verlauf alle offenen Fragen geklärt werden können. Mancher kann auch damit schon zufrieden nach Hause reisen, ohne Kloster auf Zeit zu beanspruchen.

16.

Gibt es auch evangelische Klöster auf Zeit? Was unterscheidet sie von den katholischen?

Allein in Deutschland besteht ein Dutzend evangelischer Gemeinschaften, die ebenso unterschiedliche Angebote bereithalten wie die katholischen. Das trifft auf Lage und Programm zu. Evangelische Häuser können ebenso Zurückgezogenheit vermitteln wie katholische. Sie liegen genauso oft in der Abgeschiedenheit wie alte katholische Klöster.

Die Unterschiede liegen eher in der eigenen Ausprägung der Lebensgestaltung der jeweiligen religiösen Gemeinschaft, die ein Haus unterhält. Oft haben diese Gemeinschaften eine ähnliche Geschichte wie die katholischen Orden. Sie sind als geschlossene Gruppen entstanden und haben sich erst später für Gäste geöffnet. In den evangelischen Gemeinschaften stellen sich allerdings die Probleme der mönchischen Lebensweise kaum, weil das evangelische Mönchtum zur extremen Ausnahme gehört und durch den Wegfall des zölibatären Weihepriesteramtes auch keine Hindernisse für Ehepaare auftreten.

17.
Gibt es auch interkonfessionelle und interreligiöse Angebote?

Die Frage stellt sich nur bedingt. In den meisten Klöstern ist die konfessionelle Bindung der Besucher sehr weit gefächert – vom praktizierenden Katholiken über den praktizierenden Evangelischen bis hin zu nicht praktizierenden Kirchenmitgliedern und Konfessionslosen. Gerade weil Kloster auf Zeit oder Klosterurlaube nicht mit der Frage nach dem Bekenntnis beginnen, sondern die Erwartungen der Teilnehmer im Vordergrund der Entscheidung stehen, spielen Terminologien aus dem zwischenkirchlichen Miteinander eine zu vernachlässigende Rolle.

Ein nicht konfessionell gebundener Mensch, der in einem Trappistenkloster eine gewisse Zeit leben will, kann als interreligiöser Nutzer eines streng katholischen Angebotes bezeichnet werden, aber auch nicht. Die Grenzen verwischen sich in der Realität hier bis zur Unkenntlichkeit, zumal die Programme ja auch nicht auf konfessionellen Unterscheidungen aufbauen. Wer bei Benediktinern bucht oder Dominikanern, wird auch den jeweiligen Orden mit dessen Besonderheiten wünschen. Indoktriniert wird ohnehin niemand.

Eher als interkonfessionell könnten Gastaufenthalte in betont ökumenischen Gemeinschaften bezeichnet werden, etwa der Communauté de Taizé oder in anderen ökumenisch

Communauté de Taizé
71250 Taizé
Frankreich
Tel.: 0033/3 85 50 30 30
Fax: 0033/3 85 50 30 15
http://www.taize.fr

Kloster Beinwil
Haus der Stille und ökumenischen Begegnung
4229 Beinwil SO
Schweiz
Tel.: (0041)-(0)61-791-95-70
(Mo.–Sa. 9.00–11.00, u. 15.00–17.00 Uhr)

ausgerichteten Bewegungen und Einrichtungen wie Kloster Beinwil in der Schweiz. Da geht es aber weniger um individuelle Klostererfahrung als um bewusste Teilnahme an einem dezidiert interkonfessionellen Ambiente, in dem eine Begegnung der Religionen mehr betont wird als bei jedem anderen Klosteraufenthalt. Das ist ein Kriterium, das für die meisten Menschen im Zusammenhang mit einem Klosterurlaub keine Rolle spielt; insofern sind solche Angebote eher als eigenständige Größe zu betrachten, vergleichbar etwa Exerzitien.

Kapitel 3
Welcher Orden für welche Zeit?

In der katholischen Kirche gibt es eine kaum überschaubare Fülle von Mönchs- und Schwesternorden. Hinzu kommen noch evangelische Gemeinschaften und orthodoxe Klöster. Grundsätzlich gehört Gastfreundschaft zu allen Ordensregeln. Doch die konkreten Aufgaben schränken in der Praxis die Möglichkeiten ein, in jedem Orden einige Zeit zu verbringen. Am besten geeignet sind die mönchischen Orden, deren weiblichen Zweige, außerdem die so genannten Bettelorden und die kontemplativen Orden bis hin zu den strengen Schweigeorden. Ihre Angehörigen leben in Klöstern oder Ordenshäusern. Damit bieten sie die räumlichen Voraussetzungen eines Mitlebens in einem besonderen Ambiente. Nicht alle Ordens-Konzeptionen sind für jedermann nachvollziehbar, aber jeder findet für seine Ziele sicherlich ein passendes Kloster. Missionsorden oder reine Seelsorge-Gemeinschaften kommen nicht in Frage, zumindest nicht unter dem Aspekt eines Klosters auf Zeit oder eines Klosterurlaubs.

Der „Stammvater" des abendländischen Mönchtums, Benedikt von Nursia, hat in jüngster Zeit ungewöhnliche Popularität erlangt. Als Kardinal Joseph Ratzinger zum Papst gewählt war, nahm er den Namen Benedikt an, nicht nur, um an seinen Vorgänger Benedikt XV., den Friedensprediger in der Zeit des Ersten Weltkrieges, zu erinnern, sondern um ganz bewusst die Mission des Heiligen Benedikt zu aktualisieren.

Die Benediktiner

Die Wurzeln des Benediktinerordens liegen in einer Zeit, als Europa weitgehend entchristlicht war und unter dem Druck der Völkerwanderung sein römisches und christliches Erbe nahezu vergessen hatte. Von dem von Benedikt von Nursia gegründeten Kloster Montecassino zwischen Rom und Neapel ging das Mönchtum im Abendland aus, wie wir es heute noch kennen. Benedikt wurde deshalb zum Patriarchen des abendländischen Mönchtums und zum Patron Europas erwählt.

In wenigen Jahrhunderten stieg das von ihm begründete monastische Konzept (Eremiten gab es schon früher, auch so etwas wie klösterliche Gemeinschaften) zur beherrschenden Kraft der Evangelisierung und der Klostergründungen in ganz Europa auf. Dabei breitete es sich keineswegs direkt vom Süden in den Norden aus, sondern nahm für die Missionierung Mitteleuropas einen Umweg über Irland und Schottland. Eine wichtige Basis bildete die Mönchsregel. Ihr Kernpunkt lautet: Ora et labora, wörtlich: Bete und arbeite, auch wenn es bei Benedikt noch nicht so formuliert war. Inhalt und Absicht ziehen sich durch seine Regel hindurch. Sie „regelt" Beten und Arbeiten im Gleichgewicht des menschlichen Lebens. Fortan galt, vor allem durch Förderung von Kaiser Karl dem Großen: Wo Klöster waren, da war Kultur, Entwicklung, Erziehung.

Viele spätere Ordensgründungen sind längst wieder verschwunden. Die mittelalterlichen Mauern benediktinischer Klöster finden sich dagegen noch heute überall in Europa, auch wenn manche zwischendurch zweckentfremdet worden waren. In Deutschland zählen die Benediktiner (OSB) allein 32 Abteien und Priorate. Die meisten von ihnen gehören zur Bayerischen oder Beuroner Kongregation. Die Missionsbenediktiner haben in der Erzabtei St. Ottilien ihr Zentrum. Von hier kommt auch der in Rom residierende Abtprimas des Ordens, Notker Wolf, der oberste Benediktiner. Die Benediktinerinnen leben in Deutschland in 29 Abteien, Klöstern, Prioraten und Kommunitäten.

Nicht selten ist die historische Kontinuität ungebrochen, etwa in Plankstetten in der nördlichen Oberpfalz. Seit 1129 sind die Mönche hier ansässig. Die Regel verlangt, dass sie von ihrer Hände Arbeit leben, und damit können sie sich sehen lassen: Seit gut zehn Jahren haben sie auf ökologische Landwirtschaft umgestellt – aus Verantwortung gegenüber der Schöpfung. Dass Dinkelbier und Fleisch aus artgerechter Tierhaltung in gesundheitsbewussten Zeiten auch wirtschaftlich gut gehen, ist ein angenehmer Nebeneffekt.

„Nach unserem Verständnis", sagte Frater Philipp Maria Zimmer in einem Gespräch mit dem Rheinischen Merkur, „ist die Arbeit sozusagen eine Fortsetzung des Gebets mit anderen Mitteln." Seine Aufgabe als Leiter des Gästehauses will Zimmer deshalb auch nicht unter Karrieregesichtspunkten sehen: „Unsere Arbeit ist ein Dienst am Nächsten und den Mitbrüdern. Von daher sind auch alle Aufgaben gleichwertig." Nicht nur die Wirtschaft ist wichtig, auch die Seelsorge. Das komfortabel renovierte Gästehaus verzeichnet rund 10 000 Übernachtungen pro Jahr. Die meisten Gäste kommen, um an Kursen teilzunehmen; rund 80 bietet das Kloster selbst an, der Rest wird von anderen Veranstaltern, etwa der Diözese, übernommen. „Über das Wochenende kommen oft Vorstände und Geschäftsführer, um einfach in Abgeschiedenheit zu meditieren und nachzudenken." Und nach einem Augenblick fügt Bruder Philipp schalkhaft hinzu: „Bei uns bekommen sie eben, was sie für ihr Geld nirgends kaufen können: Stille" – eines der Anliegen, um die es auch im vorliegenden Buch immer wieder gehen wird. Auch mit Büchern befriedigen Benediktiner höchst erfolgreich das Bedürfnis nach Spiritualität. Die Zahl der Leser von Anselm Grün (Münsterschwarzach) und Abt Odilo Lechner (St. Bonifaz München/Andechs) geht in die Millionen.

Benediktinerklöster eignen sich für jede Form von Klosteraufenthalten. Die Dauer lässt sich individuell festlegen. Sie bieten auch am häufigsten organisierte Kloster-auf-Zeit-Programme an.

Die Zisterzienser

Große Organisationen, und dazu gehören auch die Ordensgemeinschaften, unterliegen Verschleißerscheinungen. Bei religiösen Gemeinschaften wirkt sich dies so aus, dass die Gründerregeln verwässert werden. Nachlässigkeiten und Laxheiten schleichen sich ein. Anpassung an weltliche Lebensgewohnheiten weicht die strengen Vorschriften auf. Es wird Zeit für Rückbesinnung und Reform. Das gilt erst recht für eine Gemeinschaft, die weltliche Macht und politischen Einfluss erworben hat, wie es bei den Benediktinern im Mittel- und Hochmittelalter überall der Fall war.

Im 11. und 12. Jahrhundert stemmte sich ausgehend vom französischen Kloster Cîteaux und den Mönchen Robert von Molesme und Bernhard von Clairvaux eine Gruppe von Benediktinern gegen die Verweltlichung der Ordenspraxis. Sie überzogen bald ganz Europa mit Klosterneugründungen und führten nach ihrem Mutterkloster den Namen „Zisterzienser“. Die Mönche im weiß-schwarzen Habit schufen zur Kontrolle der strengen Beachtung der alten Regeln ein Netz gegenseitiger Visitationen. So übt noch heute das seit 1133 ununterbrochen bestehende österreichische Mutterkloster Heiligenkreuz die Visitationshoheit beispielsweise über das Priorat Bochum-Stiepel im Ruhrgebiet aus.

Im Unterschied zu den Benediktinern flochten die Zisterzienser ein System von gegenseitig abhängigen Klöstern, die Filiation. Sie fügten der benediktinischen Tradition der Autonomie des Einzelklosters das Prinzip regelmäßiger Visitationen hinzu. Dieses Prinzip, zusammen mit der Einrichtung einer gemeingültigen Regel und eines Generalkapitels, führte dazu, dass erst mit den Zisterziensern von einem regelrechten Orden gesprochen wurde. Dies mag aus heutiger Sicht zweitrangig sein. Das Modell löste jedoch seinerzeit die Gründung mehrerer hundert Zisterzienserklöster in ganz Europa aus.

Das Leben der Zisterzienser gehorcht strengen Regeln. Sie stehen um 5.30 Uhr auf, kommen rund zehnmal im Lauf des Tages zum Gebet zusammen. Am Vormittag und Nachmittag arbeiten sie wie die Benediktiner auch. Die körperliche und geistige Arbeit der Mönche war eine wirkliche Neuerung: Im ältesten deutschen Zisterzienserkloster, Himmerod in der Eifel, einer Gründung des Bernhard von Clairvaux, ernähren Handwerk und Landwirtschaft noch heute die Mönche.

Mehr noch als bei den Benediktinern zerstörte die Säkularisation zu Beginn des 19. Jahrhunderts die Blüte der Zisterzienser. Der Orden erholte sich nie mehr richtig davon. Heute gibt es nur noch sechs Männer- und acht Frauenklöster und Priorate des Ordens (OCist) in Deutschland.

Für heutige Besucher von Zisterzienserklöstern gilt, dass sie sich um die Unterschiede zwischen den beiden Orden keine Gedanken machen müssen. Sie sind so unbedeutend, dass nur Kenner sie wirklich erklären können. Ob Benediktiner- oder Zisterzienserkloster, macht für den Klosterurlauber keinen Unterschied. Er kann sich getrost nach anderen Kriterien orientieren, wie Lage, Programm und Umfeld.

Die Trappisten

Ähnlich wie die weiter unten beschriebene Gemeinschaft der Franziskaner bildeten auch die Zisterzienser große Familien. Die bekanntesten Ableger sind die besonders strengen Trappisten (OCSO) (und auch ökumenische Kommunitäten wie Volkenroda und die evangelisch-lutherische Zisterzienser-Kommunität Loccum).

Der Trappistenorden hat seine Wurzeln im 17. Jahrhundert. Die Ordensregel zeichnet sich durch ein strenges Schweigegebot sowie strikte, weltabgeschiedene Buß- und Gebetsübungen aus. Das Lexikon weiß, dass Armand Jean Le Bouthillier de Rancé, ein Patenkind von Kardinal Richelieu, nach dem Ende seiner politischen Laufbahn 1662 im Jahre 1664 das Amt des Abtes im Zisterzienserkloster La Trappe übernahm. Dort führte er Reformen und eine strenge Askese ein.

Die Mönche lehnten ihren neuen Abt und seine Regeln ab. Gemeinsam mit den reformwilligen Mönchen gelang es ihm

Kloster Volkenroda
99998 Körner-Volkenroda
Tel.: 03 60 25/5 59-0
Fax: 03 60 25/5 59-35
E-Mail: info@kloster-volkenroda.de; anmeldung@kloster-volkenroda.de
http://www.kloster-volkenroda.de

Kloster Loccum
Klosterbüro Im Kloster 2
31547 Rehburg-Loccum
Tel.: 0 57 66/9 60 20
Fax: 0 57 66/96 02 11
E-Mail: Kloster-anmeldung.Loccum@evlka.de
http://www.rehburg-loccum.de/freizeit_tourismus/rehburg_loccum/kloster.html

jedoch, sie durchzusetzen. Die Regeln wurden so berühmt, dass ihre Anhänger den Namen Trappisten erhielten. Bei Bouthillier de Rancés Tod im Oktober 1700 lebten in La Trappe an die 90 Mönche, es gab fünf weitere Abteien und einen Frauenkonvent, in denen man seine Regel befolgte. 1792, während der Französischen Revolution, wurden die Trappisten vertrieben. Sie wanderten daraufhin in die Schweiz, nach Russland und Deutschland aus. Im Jahre 1814 kehrten sie nach Frankreich zurück. 1892 wurden alle reformierten Zisterzienserklöster zu einem unabhängigen Orden vereinigt. 1902 erhielt er den Namen „Reformierte Zisterzienser" oder „Zisterzienser der strengen Observanz".

Nach dem Zweiten Vatikanischen Konzil wurde einigen Trappistenklöstern die Lockerung ihrer Disziplin gewährt. Diejenigen Trappisten, die immer noch die traditionelle Regel befolgen, gehören zu den asketischen Orden der katholischen Kirche. Zu ihren täglichen Aufgaben zählt das Gebet, Lektüre und Handarbeit. Sie leben in völliger Stille. Fleisch, Fisch, Eier zu essen ist ihnen verboten. Während de Rancé noch jegliche intellektuelle Tätigkeit verboten hatte, fördern die heutigen Trappisten die Gelehrsamkeit. Ihr Ordensgewand ist weiß mit naturfarbenem Gürtel und schwarzem Schulterkleid. Der Orden verfügt über einen weiblichen Zweig. In den 1980er-Jahren gab es weltweit etwa 60 Trappistenklöster mit 3 000 Mönchen und Nonnen, in Deutschland ist Mariawald bei Düren bekannt.

Ihre Spiritualität definieren die Trappisten mit den folgenden Worten: „Wir sind eine kontemplative Lebensform mit Antwort und Verantwortung. Gott in allem die Ehre geben

Abtei Mariawald
Zisterzienser von der strengeren Observanz (OCSO)
Mariawalder Straße
52396 Heimbach
Tel.: 0 24 46/95 06-0
Fax: 0 24 46/95 06-30
E-Mail: info@kloster-mariawald.de
http://www.kloster-mariawald.de

ist unsere erste Pflicht. Wir tun dies im Wissen um unsere Unvollkommenheit. Mit der gewählten, strukturierten Lebensform nach der Regel des hl. Benedikt und einem angestrebten Gleichgewicht von Gebet, Arbeit und Lesung geben wir Antwort auf den an uns ergangenen Anruf Gottes. Die Antwort auf die geschenkte Berufung ist verbunden mit Verantwortung gegenüber dem eigenen Leben, der Schöpfung und dem Nächsten. In Zurückgezogenheit und ohne Reizüberflutung nehmen wir Anteil an unseren Mitbrüdern, unseren Familien und den Anliegen der Welt. Im Gebet sind wir mit ihnen vereint und beten stellvertretend. Die einfache Lebensweise und unsere Arbeit ermöglichen uns eine wirtschaftliche Unabhängigkeit sowie Hilfen für die sozial Schwächeren. Somit ist Verantwortung im Handeln in dieser und für diese Welt, in der Erfahrung der eigenen Gebrechlichkeit und im Bewusstsein der ständigen Gegenwart Gottes unsere Antwort auf seinen Anruf. Das Durchdrungensein von seiner Nähe im Alltag nennen wir kontemplativ leben." (Homepage der Abtei Mariawald)

Wer absolute Ruhe sucht, ist bei den Trappisten gut aufgehoben. Eine so rigorose Zurückgezogenheit muss aber gut vorbereitet werden. Gerade in Trappistenklöstern erfahren immer wieder Gäste den so genannten „Schock der Stille".

Die Franziskaner und Kapuziner

Die Franziskaner (OFM) und deren verwandte Orden der Kapuziner und Minoriten gehörten jahrhundertelang zum Alltagsbild des christlichen Abendlandes. Ihre braunen Kutten verkörperten das Mönchtum schlechthin. Das raue Kapuzengewand mit dem Wollstrick als Gürtelersatz kontrastiert schon von der Erscheinung her mit den „edlen" Orden der Benediktiner, Zisterzienser und Dominikaner sowie später der Jesuiten.

Hier trat eine Gemeinschaft auf den Plan, die sich bettelnd durch die Welt arbeitete, die mehr einfach als intellektuell, fromm und weniger theologisch spitzfindig direkt den normalen Menschen ansprach. Fürstenhöfe besuchten die Franziskaner oft nur, um den Herrschaften die Leviten zu lesen. Die Nacheiferer des Franziskus sind die Mönche der Volksfrömmigkeit. Sie leben anspruchslos und kümmern sich um Arme und Bedürftige sowie von Anfang an um die Bekehrung der Städter.

Ordensgründer Franziskus war anfangs sogar gegen theologische Studien, ließ diese dann später jedoch zu unter der Bedingung, dass „der Geist des Gebets und der Hingabe" erhalten blieb. Das hindert die Franziskaner nicht daran, bis heute entschieden Partei zu ergreifen. Franziskaner finden sich unter den südamerikanischen Befreiungstheologen (wie Leonardo Boff) und denen, die gegen die Auswirkungen der Globalisierung protestieren. Sie verstehen sich als Anwälte der verarmten Dritten und Vierten Welt. Franziskaner kümmern sich auch häufig um Jugendliche, gesellschaftliche Randgruppen und sind, dem Vorbild des Gründers folgend, der in jeder Pflanze und jedem Tier Gottes Schöpfung erkannte, im Naturschutz engagiert.

Die franziskanische Familie zählt weltweit etwa 18 000 Mitglieder. Sie verbindet neben Armut das brüderliche Leben und die radikale Gottessuche. Eines trifft man aber heute nicht mehr an, was vor Jahrhunderten typisch für sie war: Sie ziehen nicht mehr bettelnd von Haus zu Haus. Neben Spenden bestreiten sie ihren Lebensunterhalt durch Pfarrseelsorge, für die sie Lohn oder Vergütung beziehen.

So attraktiv damit diese Ordensfamilie für den modernen Menschen wäre, so wenig hat sie bisher ihre Häuser für Klosterurlauber geöffnet. Solche Angebote tauchen als Einzelfälle auf, ziehen sich aber nicht quer durch den ganzen Orden, nicht einmal dort, wo frühere Internate, die aus wirtschaftlichen Gründen geschlossen werden mussten, ansatzweise die räumlichen Voraussetzungen für Klosterurlaub bieten würden. Zu den Ausnahmen zählt Eggenfelden bei Altötting, ein „Kloster zum Mitleben“. Dorthin werden Männer, gleich welchen Alters oder welcher Weltanschauung, eingeladen, das Leben der Mönche für eine gewisse Zeit zu teilen.

Wünschenswert wäre ein breiteres Angebot von Klosterurlaub, weil die franziskanische Ordensfamilie zeitgemäße Nachfragen bedienen könnte und über ausreichend Klöster verfügt.

Die Dominikaner

Zwei Themen fallen dem halbwegs Kundigen in Kirchenfragen ein, wenn er den Namen „Dominikaner" hört: Prediger und Inquisition. Beides ist berechtigt und belastet die Geschichte dieses berühmten Bettelordens, auch wenn für die heutigen Dominikaner (OP) vieles vom Früheren nicht mehr zutrifft. Ihr Gründer, der Spanier Dominikus Guzman aus Caleruega, trat zu Beginn des 13. Jahrhunderts gemeinsam mit anderen Predigern gegen die Irrlehre der Katharer an. Er entdeckte dabei seine ausgeprägte Predigtbegabung und schuf das bleibende Profil des von ihm gegründeten Ordens.

Dominikus verpflichtete sich auf ein Leben in radikaler Armut. Zusammen mit seinen Predigergenossen ließ er sich in Toulouse nieder. 1216 erfolgte die Bestätigung der Gemeinschaft durch Papst Honorius III. Diese offizielle Anerkennung schloss gewisse Privilegien ein, etwa die Befugnis zur Verkündigung der Lehre und zum Abnehmen der Beichte. Im Jahre 1217 entsandte Dominikus von Toulouse aus seine Mitbrüder nach Frankreich und Spanien.

Im Jahre 1231 wurden die Dominikaner von der römischen Kurie mit der Leitung der Inquisition beauftragt. Das Amt des päpstlichen Theologen, 1218 vom Papst eigens für Dominikus geschaffen, blieb stets in den Händen eines Ordensmitglieds. „Domini canes", „die Spürhunde des Herrn", so wurden die Dominikaner in einem Wortspiel aufgrund ihrer Tätigkeit während der Inquisition genannt.

Nach dem Tod von Dominikus setzten sich die bald „Dominikaner" genannten Mitglieder des Ordens zum Ziel, in Armut und Gehorsam nach den monastischen Regeln, in der Nachfolge Jesu als Wanderprediger zu leben. Sie wollten Schulung und Volksbildung besonders in den Städten fördern.

Dominikaner arbeiten häufig in der praktischen Seelsorge außerhalb von größeren Konventen, was die Möglichkeiten einschränkt, in einem ihrer Häuser mitzuleben.

Die Karmelitinnen

In Deutschland bestehen drei Karmelitinnen-Klöster, von denen eines, Maria vom Frieden in Köln, besonders bekannt geworden ist: Hier lebte bis zu ihrer Flucht nach Holland 1938 Schwester Benedicta – besser bekannt als Edith Stein, die inzwischen heilig gesprochen worden ist.

Karmel Maria
vom Frieden
Von den Siebenburgen 6
50676 Köln
Tel.: 02 21/31 16 37
(9.00 – 11.00 Uhr,
14.00 – 16.15 Uhr,
18.00 – 19.30 Uhr)
Fax: 02 21/3 10 02 95
E-Mail: kloster@karmelitinnen-koeln.de
http://www.karmelitinnen-koeln.de
(Regelmäßige Gottesdienste in der Klosterkirche. Um die Teilnahme am Chorgebet der Nonnen zu ermöglichen, wird die Vesper aus dem Chor in die Klosterkirche übertragen.)

Der Orden (OCarm) wurde in der Kreuzfahrerzeit gegründet. Auf dem Berg Karmel in Palästina siedelten sich Eremiten an, die sich unter dem Einfluss spanischer Mystik zusammenschlossen und eine Gemeinschaft bildeten. Der zunehmende arabische Druck, die ständige Gefahr eines Überfalls durch die Sarazenen sowie die ungenügende Existenzgrundlage, bedingt durch das Ausbleiben der Pilger, zwangen die Gründerväter ab 1230 zur Rückkehr nach Europa. Im Jahre 1326 erfolgte die Bestätigung des Ordens durch Papst Johannes XXII. Der weibliche Zweig des Ordens konstituierte sich im 15. Jahrhundert.

Große und prägende Persönlichkeiten der Ordensgeschichte waren Teresa von Ávila und ihr Beichtvater Johannes vom Kreuz. Sie verpflichteten die Ordensmitglieder auf Abgeschiedenheit von der Welt, das „innere Beten“ zur Einübung in eine lebendige Freundschaft mit Gott und die Abtötung des auf weltliche Dinge gerichteten Verlangens, das von der tiefen Sehnsucht des Menschen nach Ganzheit und Heil herrührt. Eine strenge Linie des Ordens, die Unbeschuhten Karmeliter (OCD), zeichnen sich noch heute durch besonders harte Bußübungen aus – etwa den dauernden Verzicht auf Schuhe.

Schwester Ursula Mensing, stellvertretende Priorin des Kölner Klosters, verteidigte diese strenge Lebensform einmal mit einem einleuchtenden Vergleich: „Unser Verzicht muss als Ja zu einem bestimmten Weg begriffen werden. Wenn Sie erfolgreich Sport treiben wollen, dann müssen Sie eben bereit sein, keine Buttercremetorten mehr zu essen.“ Den Lebensunterhalt verdienen die Schwestern heute nicht mehr durch Betteln, sondern überwiegend durch religiöse Handarbeit wie Kerzen basteln, Rosenkränze flechten und Hostienbäckerei.

Karmelitinnen-Klöster könnten für weibliche Gäste alles bieten, was Stille und Ruhe bedeutet.

Kapitel 4
Jenseits des weltlichen Alltags

Das Leben im Kloster ist vermutlich weitaus weniger geheimnisvoll oder spannend, als mancher sich das von außen vorstellt. Da spielen Geschichten und Erzählungen eine Rolle. Man denkt vielleicht sogar an den „Namen der Rose" von Umberto Eco, an Legenden und Unterstellungen. Bilder steigen vor dem geistigen Auge auf, die meist nicht stimmen, vielleicht nie gestimmt haben oder aus einer fernen Vergangenheit stammen. Meistens haben sie mit der heutigen Wirklichkeit nichts mehr zu tun.

Die wunderschönen, manchmal gewaltig großen Klosterbauten, die eine Landschaft dominierend von Bergkronen herunterschauen oder romantisch in stillen Tälern liegen, spiegeln nur noch eine Wirklichkeit, die längst Geschichte ist. Die heutige Rolle der Klöster hat mit den historischen Vorbildern wenig gemeinsam. Klöster sind heute keine Machtfaktoren mehr, Äbte genießen Ansehen, üben aber keine weltliche Macht mehr aus.

Nur in einem Punkt entsprechen die Klöster noch den Bildern aus der abendländischen Geschichte: Das Leben hinter ihren Mauern hat sich auch unter dem Einfluss der modernen Technik im Wesentlichen nicht verändert. Hinter Klostermauern lebt man in einer abgeschlossenen Welt, die bewusst und je nach Orden unterschiedlich rigoros sich gegen äußeren Lärm und Getriebe abschirmt. Wer für eine bestimmte Zeit ins Kloster geht, sucht gerade diese Abgeschiedenheit und das Freisein von Trubel und Stress. Dem entspricht dann natürlich auch der Tagesablauf, das eher gemächliche Leben, die überschaubare Ordnung.

Entsprechend habe ich selbst meinen ersten Tag im Klosterurlaub erlebt. Das Kloster lag auf einem Berg. Man schaute weit ins Tal und irgendwie beschlich mich eine schwer zu unterdrückende Mischung aus Neugier und Beklommenheit, als ich an der Pforte geklingelt hatte und ein Mönch mich zum Eintreten aufforderte. In einem dürftig eingerichteten Warteraum, wo immerhin ein Telefon auf einem Ecktischchen stand, saß ich auf einem Stuhl ähnlich dem in einem Wartezimmer des Zahnarztes und harrte der Dinge, die sich da ereignen würden. Das Fenster gab den Blick frei auf den Innenhof mit Kreuzgang, Springbrunnen und parkartig angelegten Grünflächen, unterbrochen von Kieswegen.

In diesem Haus kümmerte sich der Novizenmeister um die Klostergäste, also einer, dem sonst die Mönchsanwärter anvertraut sind. Ein Klosterbruder führte mich zu ihm über verwinkelte Flure und einen altmodischen Treppenaufgang. Als Journalist wollte ich vor dem Einzug natürlich noch einige Fragen stellen können. Die wurden dann auch in einem Raum beantwortet, der nicht weit von dem des Abtes entfernt lag und mit einem Rest von barocker Pracht diskret darauf hinwies, dass hier einmal mehr Einfluss beheimatet war, als die Benediktiner heute noch genießen.

Danach wurde ich in einen breiten Flur geführt, der so etwas wie eine Mönchspromenade in einem großzügig gebauten Flügel der gesamten Anlage darstellte – so wurde mir der lange und breite Gang jedenfalls erklärt. Zur Linken ging es in den strengen Klausurbereich, den ich nur zu den

Essenszeiten betreten durfte, damit ich als Einzelgast mit den Mönchen gemeinsam in deren Refektorium, dem Speisesaal, das Essen einnehmen konnte. Zuvor durfte ich dann rechts meine Zelle mit Talblick beziehen.

Die Möbel wirkten etwas karg, beliebig, bunt zusammengestellt und vor allem altmodisch. Ich hatte kein modernes Design erwartet. Immerhin gehörte zum Zimmer eine so genannte Nasszelle mit Waschbecken, Dusche und Toilette, die das Gemeinschafts-WC ersetzte, wie es in anderen Häusern noch durchaus üblich ist. Das Bett hatte ein Eisengestell und eine etwas zu weiche Matratze, jedenfalls war sie es für meinen Geschmack und sollte keine Rückschlüsse auf verweichlichte Mönche zulassen. Auf dem kleinen Schreibtisch mit einem einfachen Stuhl stand zwar ein Telefon. Es war aber nur ein Hausapparat. Daneben eine Bibel und ein Prospekt über das Kloster sowie etwas fromme, beschauliche Literatur, darunter ein Buch über den Ordensgründer Benedikt von Nursia und seine Regeln, auf Lateinisch. Das Fenster war doppelt verglast und schirmte so auch das Zellen-Zimmer gegen den Lärm aus dem Tal ab.

Das erste Essen mit den Mönchen am Abend entsprach einem einfachen Mahl, zu dem jedoch Wein gereicht wurde. Wenig Fleisch, Obst aus dem Klostergarten. Den „Service“, also Küchendienst, übernahmen im Turnus wechselnd Mönche. Einer las zudem während der ganzen Zeit von einer Kanzel herab Texte vor, die zum Meditieren anregten.

Womit ich nicht gerechnet hatte, war die strenge Tisch- und Speiseordnung. Wenn der Abt das Essen eröffnet hatte, durften alle ebenfalls essen. Schluss war dann auch mit dem letzten Bissen des Abtes. Wehe, wenn der asketisch lebt. Ein Gläschen Rotwein musste ich hastig trinken. Dann ging es, früh für meine Verhältnisse und dieses Mal ohne abendliches Gebet, zur Nachtruhe in die Zelle. Niemand nahm es am nächsten Morgen übel, dass ich nicht gleich um 4.30 Uhr beim ersten Weckruf aufstand.

Aber um 7.00 Uhr erschien ich zur Frühmesse. Diskret hatte ich eine Fotokamera auf einem Sims aufgestellt, um ja keinen Lärm zu verursachen und die Mönche nicht zu stören. So zumindest dachte ich. Am Vorabend hatte der Novizenmeister noch das Fotografieren genehmigt. Aber während die Mönche eine kurze Pause zwischen zwei gregorianischen Lobpreisungen im Chor machten, kam ein alter Mitbruder auf mich zu und forderte mich mit kaum verhohlenem Zorn auf, meine Gerätschaft einzupacken. Das sei nicht erlaubt und der Novizenmeister hätte es nie zugestehen dürfen. Auch ein Mönch habe seine Intimsphäre. Die werde verletzt. Basta. Keine Fotos also.

Da war mir auch nicht mehr nach Heiliger Messe zumute und ich meditierte im Kreuzgang über das Reportergeschick im Allgemeinen und klösterliche Umstände im Besonderen. Immerhin klang mir bei der Rückfahrt noch lange gregorianischer Mönchsgesang in den Ohren nach. Pech vielleicht war nur, dass gerade dieses Kloster im italienischen Süden trotz seiner Tradition als Gründerkloster des Heiligen Benedikt und damit Stammhaus der abendländischen Mönchsorden von Kloster auf Zeit noch nicht viel wissen wollte.

Es war Montecassino, und es dauerte noch Jahre, bis auch hier die Moderne nicht nur in Form von Tausenden Tagestouristen Einzug hielt, sondern auch eine größere Zahl dort für einige Tage leben durften und überdies die Mönche selbst diese Begegnung mit der Welt auch als Chance verstanden.

Ganz anders in deutschen Klöstern, wo das Programm „Welt begegnet Stille", „Welt begegnet Mönchen" schon seit längerer Zeit entwickelt ist und die Erwartungen beiderseits ganz anders abgesteckt sind. Eine Vorbemerkung sei aber auch hier angebracht, an die sich Klostergäste immer wieder erinnern sollten: Kloster auf Zeit ist keine Zwangsveranstaltung und alle Teilnehmer kommen freiwillig und bezahlen ja auch für die Teilnahme. Die Mönche verstehen Kloster auf Zeit als Angebot, und letztlich ist der einzelne Teilnehmer selbst dafür verantwortlich, was er aus dieser Zeit macht.

Die Klöster weisen darauf hin, was die Mönche für sinnvoll halten, damit die Zeit nutzbringend für den Einzelnen wirken kann. Falls notwendig, wiederholen sie solche Hinweise auch. Gelassenheit scheint dennoch durch solche Mahnungen hindurch. Wenn die Teilnehmer sich nicht an die Anregungen halten, ist das, so heißt es in einer Klosterauskunft zu dieser Frage, „letztlich ihr eigenes Problem. Massiv einschreiten würden wir erst, wenn einzelne Teilnehmer durch ihr Verhalten den Kursverlauf für andere stören würden oder auch die klösterliche Ordnung." Ein massives Einschreiten ist nach den Erinnerungen der von mir befragten Klöster noch nie erforderlich gewesen.

Grundregel

Persönliche Bedürfnisse werden beim Klosteraufenthalt nicht verboten. Jeder kann seine Gewohnheiten beibehalten, wenn sie die anderen im Kloster nicht stören. Die enge Gemeinschaft hinter Klostermauern erfordert jedoch eine größere Rücksichtnahme. Hier wird ein Leben auf vergleichsweise engem Raum in einer kleinen Gruppe geführt, das nur gut funktionieren kann, wenn persönliche Wünsche zurückgestellt werden.

Das ist der Gemeinschaftsaspekt. Darüber hinaus geht es aber auch darum, seine Zeit im Kloster nicht zu vergeuden. Wer eine solche Form von Urlaub wählt, sollte auch alles tun, damit die Wahl gerechtfertigt wird. Dazu gehört es auch, Annehmlichkeiten oder sonstige unabdingbar erscheinende Gewohnheiten (Telefonieren, Computer, Fernsehen) für diese Zeit auszusetzen.

Dennoch will ich im Folgenden einige Fragen beantworten, die sich trotz dieser Vorbemerkung stellen können.

18.

Muss ich besondere Kleidung tragen?

Eine Kleiderordnung gibt es grundsätzlich nicht. Es ist aber selbstverständlich, dass aufreizende oder auffallende Bekleidung nicht in ein Kloster passt. Minirock oder kurze Hosen gehören nicht ins klösterliche Ambiente. Um den zeitweisen Bruch mit der Welt zu dokumentieren, kleiden beispielsweise die Benediktiner von Niederaltaich ihre Gäste, wenigstens diejenigen, die zum wiederholten Mal am Kurs von Kloster auf Zeit teilnehmen, in dunkle Chormäntel ein. Das soll den zeitlich begrenzten Abschied von der Außenwelt symbolisieren und hat auch die entsprechende Wirkung bei den Teilnehmern. Sie fühlen sich allerdings zeitweise, vor allem am Anfang nicht sehr wohl in den Mönchskutten, weil sie, wenn sie aufrichtig sind, sich etwas schämen, sich mit den Mönchen äußerlich in einer gleichen Situation wiederzufinden.

Ansonsten gilt natürlich, dass dezente Kleidung erwartet wird. Bisher sind keine Maßnahmen bekannt geworden, in denen eine Klosterleitung jemanden auf unwürdige Kleidung hätte hinweisen müssen. Aber das kann auch nur bedeuten, dass solche Fälle nicht bekannt werden. Oder aber es bedeutet, dass jeder, der sich für eine gewisse Zeit ins Kloster zurückzieht, wohl genau weiß, dass es kein Ort für weltliche Lustbarkeiten ist, also zurückhaltende Bekleidung angesagt ist.

Die Frage hat einen anderen Ursprung. Sie will vorn vornherein abklären, dass es zwar eine Menge Vorbereitungen für den Klosteraufenthalt zu treffen gibt, übertriebene Ängste jedoch unbegründet sind.

Einige Klöster weisen allerdings auf ganz andere Gründe hin, die eine bestimmte Kleidungsvorsorge erfordern: Die manchmal gewaltig dicken alten Mauern können das Innere der Klöster selbst im Sommer ausgesprochen kühl halten, vor allem abends. Man geht nicht gerne zum Frieren ins Kloster. Warme Sachen einzupacken kann deshalb eine ganz wichtige Vorsichtsmaßnahme sein. Darauf machen aber die Klöster schon bei der Anmeldung aufmerksam.

Einen etwas unerwartet scheinenden, aber sinnvollen Rat geben die Niederaltaicher Benediktiner ihren Gästen: Bringen Sie festes Schuhwerk mit! Nicht, dass es im Kloster Schlaglöcher oder schwieriges Baustellenterrain geben würde. Rund um Niederaltaich laden Wanderwege zum Erkunden der Umgebung ein, und bevor Schwielen den Spaß daran verderben oder mangelhafte Schuhe die Verletzungsgefahr erhöhen, sollte schon beim Kofferpacken entsprechend Vorsorge getroffen werden. Klöster mit schönen Wandermöglichkeiten in der Umgebung sollten immer gut beschuht besucht werden.

19.

Darf ich meinen Laptop mitbringen?

Auf diese Frage sollte sich jeder selbst die Antwort geben. Kein Kloster hat etwas dagegen, wenn man seinen Computer dabei hat. Es könnte ja durchaus sein, dass ein Gast in der Stille etwas schreiben will, elektronisch Tagebuch führt oder in der Zurückgezogenheit auf kreative Eingaben hofft, die er dann so schnell wie möglich aufzeichnen will. Abgesehen von solchen individuellen Verknüpfungen mit der Klosterzeit macht der Laptop wenig Sinn, zumal es nur in seltenen Fällen einen nutzbaren Telefonanschluss gibt. Die Flatrate zum Surfen im Internet gehört nicht zum klösterlichen Angebot.

Oder möchte gerne jemand hinter Klostermauern seine Mailpost erledigen? Eine durchaus reizvolle Vorstellung, auch wenn sie nicht unbedingt Sinn und Zweck des Rückzugs ins Kloster entspricht. Immerhin haben sich schon Orden mit Häusern in Großstädten überlegt, ob sie nicht gerade dort Internetanschlüsse anbieten sollten, damit auch der gestresste Manager sich eine halbwegs ungestörte Auszeit gönnen kann. Im Gegensatz zum Telefon muss er ja die Mails nicht beantworten.

20.

Wie steht's mit meinem Handy? Bin ich während der Auszeit im Kloster für andere erreichbar?

Für das Handy gilt dasselbe wie für den Laptop. Wer unbedingt erreichbar sein will, kann es gerne mitbringen. Die persönliche Gewissensfrage beschränkt sich darauf, ob man dies muss oder will. Notfalls kann man auch über das Haustelefon und die Klosterzentrale angerufen werden oder selbst telefonieren. Je strenger die Orden, desto weniger gern sehen es die Mönche und Nonnen, dass in der Klosterstille eifrig nach außen kommuniziert wird. Man stellt auf diese Weise leicht den Erfolg des Klosteraufenthaltes unnötig in Frage. Notfälle sind natürlich die Ausnahme. Dafür reicht aber die klösterliche Infrastruktur allemal. Wer natürlich vorher niemandem sagen will, wo er seine Zeit verbringt, der greift im Notfall zum Handy, das eine gewisse Anonymität des Aufenthaltsortes gewährleistet.

21.
Darf ich Bücher mitbringen? Tragbare Fernseher, Radio, CDs?

Bücher können den Klosteraufenthalt geradezu fördern. Deshalb sind sie nicht nur zugelassen, sondern auch erwünscht. Gerade Neulinge, die mit dem Alleinsein an stillen Abenden, die im Kloster früh beginnen – meist ist spätestens um 21.00 Uhr Ruhe angesagt –, nichts anfangen können, greifen gerne zu einem Buch. Trotz des hohen Ansehens, das Lektüre genießt, verfügt nicht jedes Kloster über eine passende Bibliothek. Noch weniger findet sich dort leichtere Kost für den Feierabend. Die eigene Lektüre ist deshalb für manchen schon ein Muss. Wer nicht an einem Kurs teilnimmt, sollte die Muße gezielt nutzen, um sich endlich ungestört seine Lektürewünsche erfüllen zu können.

Fernsehen ist meistens nur in Gemeinschaftsräumen möglich und nicht individuell auf dem Zimmer. Tragbare Fernseher mitzubringen wird da schon als gewaltige Störung empfunden und sollte unterlassen werden. Die Glotze passt nicht zum Klosterurlaub.

Nicht ganz so unerbittlich verbieten sich Radioempfänger oder CD-, MP3- oder Minidisc-Player. Das hängt vom eigenen Geschmack ab und kann durchaus unter dem Gesichtspunkt entspannender Musik gesehen werden. Musik wird in manchen Klosterkursen als Meditationshilfe eingesetzt und dient damit direkt dem Erfolg des Aufenthaltes.

22.

Darf ich während der Auszeit im Kloster meine Familie anrufen?

Eine Klosterzeit ist kein Zwangsaufenthalt und Gäste unterliegen nicht den Mönchsregeln, die mitunter durchaus eine Einschränkung des Kontakts zu Angehörigen vorsehen. Wer will, kann telefonisch Kontakt halten. Natürlich sollten die Anrufe oder Rückrufe auf dem Handy nicht gerade in stille Zeiten gelegt werden. Ein Anruf während der Messe oder einer Meditation verbietet sich von selbst. Also ist es am besten, sobald man den Tagesablauf kennt, ihn der Familie mitzuteilen und eventuell Zeiten zu vereinbaren, an denen man erreicht werden kann und zu denen es niemanden stört.

23.
Bleibt auch Zeit für eigene kleine Unternehmungen bzw. ist das erwünscht? Kann ich das Kloster verlassen zu Spaziergängen oder um ggf. nahe gelegene Sehenswürdigkeiten zu besichtigen?

Eigene Initiativen hängen davon ab, für was man sich im Kloster eingefunden hat. Wer Kloster auf Zeit mit festen Veranstaltungen nutzt, kann nicht unternehmen, was und wann er will. Allen anderen lassen die Klöster größtmögliche Freiheit, die letzten Endes nur von der abendlichen Schließung der Klosterpforten begrenzt wird. Veranstalter von Kloster auf Zeit empfehlen ausdrücklich Spaziergänge, da sie auch eine gute Gelegenheit bieten, sich mit den Anregungen der Vorträge und Gespräche und mit sich selbst auseinander zu setzen („einen Weg gehen", „etwas unter die Füße bringen").

Zeit für größere Unternehmungen bleibt wenig; davon wird auch eher abgeraten, da sie unter Umständen zu sehr ablenken und den inneren Prozess stören könnten. Das wiederum hängt von der Dauer der Zeit im Kloster ab und von den Entfernungen zu den Sehenswürdigkeiten, die man gerne mit dem Klosterurlaub verbinden möchte. Sofern sie nicht im Widerspruch zum erwünschten Ziel des Klosterbesuchs stehen, hat niemand etwas gegen einen Ausflug dorthin.

Klöster, die selbst bauhistorische oder religionsgeschichtliche Bedeutung besitzen, erwarten wohl zu Recht, dass man sich zuerst einmal mit dem beschäftigt, was sie zu bieten haben. Das kann die ganze Klosteranlage sein oder die Klosterkirche. Eine kleine Anfrage nach einer Führung wird sehr gerne aufgenommen. Gerade Gäste, die mehrere Tage im Kloster leben, dürfen davon ausgehen, dass ihnen in dieser Zeit ein Mönch alles erklärt, was Geschichte und heutige Überlieferung betrifft.

Dazu gehört auch die Wirkung der Klöster auf die umliegenden Ortschaften, auf ganze Landstriche, auf das Erziehungswesen, auf die vorindustrielle Wirtschaft. Aus solchen Gesprächen ergeben sich häufig auch Tipps für Exkursionen in die Umgebung, die den Blick für Besonderheiten schärfen und auf Dinge lenken, die sonst übersehen worden wären.

Bibliotheken können für Wissensdurstige eine wahre Fundgrube sein. Kunstgeschichtliche Studien und Anschauungsunterricht bieten sich in den Kirchen an. Klöster mit ihrer bis zu tausendjährigen Vergangenheit laden zu Fragen und Erkundungen ein, in denen vor dem geistigen Auge die ganze abendländische Geschichte vergegenwärtigt wird und nicht nur die kirchlich-religiöse. In den Klöstern haben Besiedelung, Einwanderung, Kriege, Nöte, Epidemien, Fürstenhäuser und Handwerke ihre Spuren hinterlassen.

24.

Darf ich im Kloster rauchen?

Das allgemein sich ausbreitende Rauchverbot ist in den Klöstern nicht aufgehoben. Den Rauchern stehen immer weniger Örtlichkeiten zur Verfügung, an denen sie ungestraft schmauchen oder paffen dürfen. Aber es gibt auch kein Kloster, das nicht seine Raucherecke anbietet. Dort gilt dasselbe wie im Leben draußen: Wer nicht verzichten kann, darf auch im Kloster rauchen.

Ein Trost sei für Leute erzählt, die vor zu großer Askese zurückschrecken und gerade in Klöstern den totalen Verzicht befürchten. Der deutsche Abtprimas der Benediktiner, Pater Notker Wolf, empfing mich auf dem römischen Aventin-Hügel, wo er im Kloster Sant'Anselmo residiert, zu einem Gespräch und genoss nebenbei seine Pfeife inklusive eines anregenden Gesprächs über die diversen Tabake und ihren Geschmack.

25.

Gibt es Speisevorschriften, die zu beachten sind?

Speisevorschriften im engeren Sinne gibt es keine mehr. Natürlich macht es auch auf dem Esstisch einen Unterschied, ob man einen Bettelorden für die Klosterzeit ausgewählt hat oder eine mit einer Bierbrauerei und großer Landwirtschaft gesegnete Benediktinerabtei. Mehrgängige Menüs gehören im Kloster gleich welcher Provenienz zur (festlichen) Ausnahme. Völlerei steht in keiner Ordensregel. Auch müssen die Erwartungen bei einem Aufenthalt in der Fastzeit heruntergeschraubt werden. Dennoch rechnet kein Kloster damit, dass die Gäste gleich an den asketischsten Übungen teilnehmen, die der eine oder andere Mönch praktiziert.

Die Gäste bekommen die Verpflegung, die es auch für die Mönche gibt, d.h. je nach Kirchenjahreszeit eventuell wenig Wurst und Fleisch. Für Kursteilnehmer gibt es aber unter Umständen ein etwas reichhaltigeres Frühstück, außerdem zusätzlich Nachmittagskaffee und Kuchen. In beschränktem Maße kann auch, falls erforderlich, Diät angeboten werden.

Individuelle Wünsche können am ehesten erfüllt werden, wenn die Klöster beispielsweise größere Restaurationen betreiben, zu einer Pilgerstätte gehören oder einen größeren Betrieb versorgen. Manchen Klöstern ist außer Gästehäusern für die Unterkunft auch eine Gastwirtschaft angeschlossen. Wer besondere Essenswünsche hat oder Diäten einhalten muss, sollte sich in jedem Fall vorher informieren.

Klöster mit Großküchen bieten üblicherweise ein Essen, das mehr oder weniger mit Kantinenkost gleichgesetzt werden kann. So versorgt beispielsweise das Benediktinerkloster Niederaltaich mit einer Großküche werktags über 400 Menschen, darunter Mitbrüder, weltliches Personal, Schüler und Gäste. Klöster, die sich auf Wellness-Programme spezialisiert haben oder Kneipp'sche Behandlungen anbieten, sind da beweglicher.

Mit Befremden würde sicherlich aufgefasst, wenn ein ahnungsloser Gast in einem bayerischen Kloster beispielsweise am Karfreitag unbedingt auf Schweinsbraten bestehen würde, weil er ihn für typisch bayerisch hält und in einem Kloster zwischen Main, Donau und Isar mal probieren möchte.

26.

Darf ich Alkohol trinken?

Für das Klosterleben gilt eine Lebensregel, die auch im Alltag befolgt werden sollte: Maßhalten ist das oberste Gebot – das Maß und nicht die Maß. Trunkenheit im Kloster? Undenkbar. Ein gutes Glas Wein oder ein Bier aus der Klosterbrauerei sind nicht nur erlaubt, sondern auch erwünscht. Solche Genüsse gehören in manchen Orden zur Tradition der Häuser und haben mitunter die Klöster berühmter gemacht als alle Gebete und Gelehrsamkeit zusammen. Man denke an Andechs und fränkische Weinberge. Ihnen sollte auch genussvoll Reverenz erwiesen werden.

Die Mönche kamen schließlich im 7. und 8. Jahrhundert in die Dunkelheit Germaniens, um zu roden, urbar zu machen, zu besiedeln, Landwirtschaft zu betreiben, Handwerk auszuüben und den Einheimischen all dies beizubringen. Heute würde man sagen, sie seien Entwicklungshelfer mit Spiritualität gewesen, Glaubensboten mit Spaten und Saaten und diversen Künsten, nicht zuletzt der Braukunst und der der Kellermeister.

27.

Ich brauche aus Gesundheitsgründen eine besondere Diät: Darf ich meine eigenen Nahrungsmittel mitbringen?

Bei Diätplänen gilt es, sich vorher zu informieren, wie weit die Küche darauf eingehen kann. Bei Großküchen ist das schwieriger. Auf keinen Fall dürfte es möglich sein, mit Kocher oder Mikrowelle in der eigenen Zimmer-Zelle zu brutzeln. Meist sind die klösterlichen Mahlzeiten keineswegs so ungesund wie manche aus Großküchen in der Arbeitswelt. Das Gemüse stammt gewöhnlich aus dem Klostergarten oder in größeren Mengen aus eigenem Anbau auf Feldern der Klöster. Es gibt sogar Klöster wie Plankstetten in Bayern, die biolandwirtschaftliche Musterbetriebe unterhalten oder Bauern und Lieferanten dazu animieren. Damit sind also auch empfindliche Diätetiker auf der sicheren Seite, mehr als daheim.

Klosterbetriebe
Plankstetten GmbH
Haus St. Gregor
Klosterplatz 1
92334 Berching
Büro: 0 84 62/206-130,
Mo. 8.00 – 16.00 Uhr,
Di. – Fr. 8.00 – 12.00 Uhr
Zentrale: 0 84 62/206-0
Fax: 0 84 62/206-121
E-Mail: gaestehaus
@kloster-plankstetten.de
http://www.kloster-
plankstetten.de

28.

Kann mich jemand besuchen, während ich Kloster auf Zeit mache?

Die Besuchsmöglichkeiten hängen vom Programm und vom Tagesablauf ab. Übernachtungen sind selten oder nur mit Voranmeldung möglich. Besuche zu Zeiten, in denen im Kloster Stille herrscht, beispielsweise nach 21.00 Uhr, sind zumindest unangebracht oder überhaupt nicht möglich, weil die Türen verschlossen sind. Während Veranstaltungen wie Vorträgen oder Meditationen sollte ebenfalls darauf verzichtet werden, weil damit der Ablauf und damit auch die eigene Zielsetzung gestört würden. In den übrigen Zeiten können Besucher empfangen und beispielsweise zu einem Spaziergang im Kreuzgang, im Klostergarten oder zur Besichtigung der Klosterkirche mitgenommen werden.

29.

Kann ich den Aufenthalt auch für einige Tage unterbrechen?

Die meisten Klöster sehen dies nicht gerne, schon gar nicht bei Teilnahme an Kursen. Am leichtesten ist eine Unterbrechung bei Einzelgästen möglich. Bei Vorliegen stichhaltiger Gründe wird niemand etwas dagegen haben. Ansonsten sollte man, taucht während eines Klosteraufenthalts der Wunsch nach Unterbrechung auf, nicht davor zurückschrecken, sich selbst zu befragen, warum dies so ist und warum man sich denn überhaupt zu einem Klosteraufenthalt entschlossen hat.

30.
Darf ich fotografieren?

Fotografieren ist im Kloster ein heikleres Thema, als es auf den ersten Blick erscheinen mag. Mönche lassen sich generell nur ungern ablichten. Für die Gebetszeiten legen sie noch strengere Maßstäbe an. Das Innenleben eines Klosters ist nun mal keine Show, wie es manche meinen. Es ist die Intimsphäre, der Lebensraum einer Gemeinschaft, die auch im Medienzeitalter ihr Eigenleben verteidigt.

Wer einige Zeit mit den Mönchen oder Nonnen gelebt hat und offen abklärt, dass er gerne Fotos zur persönlichen Erinnerung machen möchte, darf zumindest sich fotografieren lassen und eventuell auch einige Klosterangehörige mit aufs Bild nehmen. Es muss ja nicht gleich in der Klausur sein. In der Klosterkirche, im Garten, in den Klosterbetrieben oder in den Gästetrakten gibt es zahlreiche Motive, die sich lohnen; auch anspruchsvolle Hobbyfotografen staunen erfahrungsgemäß über die Fülle von Bildideen. Sie können sich zudem eines gewaltigen Vorteils erfreuen: Aufnahmen aus dem Innenleben eines Klosters sind noch selten.

Neben dem Gebot der Rücksichtnahme auf die persönlichen Interessen der Mönche und Nonnen stellen sich bei Fotos unter Umständen auch wirtschaftliche Fragen. Dies betrifft etwa im Kloster befindliche Kunstwerke, deren Fotos vermarktet werden und von deren Einnahmen auch ein

Teil des Klosterunterhalts finanziert werden muss. Orden, die eigene Verlage betreiben, sind auch eher zurückhaltend mit der Fotografiererlaubnis, ebenso könnte das Postkartengeschäft beeinträchtigt werden. Dieses Verhalten mag bedauert werden. Zur Kritik besteht wenig Grund. Klöster kosten viel. Die Kirchenkassen leeren sich und Staatsgelder fließen auch nur noch spärlich. Da sind wirtschaftlich sinnvolle Ideen für neue Einnahmequellen durchaus vonnöten.

Kapitel 5
Klosteralltag – was heißt das?

31.

Wie läuft ein Tag im Kloster ab?

Klosterleben steht meistens auch für früh aufstehen und früh ins Bett gehen. Ein seit Jahrhunderten gleicher Tagesablauf bestimmt noch immer den Alltag der Mönche und Nonnen. Daran wenigstens zeitweise teilzunehmen gehört zu den Erlebnissen, die untrennbar mit dem Klosterurlaub verbunden sind. Auch wenn dies nicht immer bindend vorgeschrieben ist und der Erfolg nicht unbedingt davon abhängt, so sollte wenigstens ein Tag in der Woche dem Rhythmus des Klostertages entsprechen.

Als Beispiel habe ich den Tagesablauf der Mönche des Benediktinerklosters Neideraltaich gewählt, das ich deshalb so häufig zitiere, weil es bereits 1962 mit dem Kloster auf Zeit begonnen und damit die meisten Erfahrungen gesammelt hat. Ähnlich wie dort gestaltet sich der Tag auch in den meisten anderen Klöstern. In strengeren Kongregationen kann er allerdings noch früher beginnen, also mitten in der Nacht. Kontemplative Orden sehen die ersten Gebete bereits um 3.00 Uhr vor. Wer bei spärlichem Kerzenlicht ein solches Nachtgebet erlebt hat, wird es nie vergessen – sei es als Erlebnis oder als besonders tiefe religiöse Erfahrung.

So früh versammeln sich die Niederaltaicher Mönche nicht. Aber sie bieten eine andere Besonderheit: Außer dem römischen wird auch der byzantinische Ritus gefeiert; die Gäste können sich frei entscheiden, in welchem Ritus sie die Gottesdienste besuchen möchten.

Zum Ablauf noch ein kleiner Unterschied für Einzelgäste, die nicht am Programm „Kloster auf Zeit" teilnehmen. Für sie fallen die Vorträge und der Nachmittagskaffee weg. Mitarbeit ist in Ausnahmefällen und nach Absprache möglich.

Tagesablauf in der Abtei Niederaltaich während der Kloster-auf-Zeit-Kurse

(Änderungen möglich)

Sonntag

8.00	Laudes/Konventkapelle
8.30	Frühstück/Gästespeisezimmer
9.30	Byzantinische Liturgie/Nikolauskirche
10.30	Römisches Konventamt/Basilika
12.00	Mittagessen/Refektorium
14.45	*Nachmittagskaffee/Gästespeisezimmer*
15.30	*Begrüßung und Vortrag/Konferenzraum*
17.15	Byzantinische Vesper/Nikolauskirche
17.30	Lateinische Vesper/Basilika
18.15	Abendessen/Refektorium
19.30	Komplet/Nikolauskirche
19.30	Komplet/Konventkapelle

An den Werktagen (montags–freitags)

5.30	Morgenhore mit Eucharistie/Konventkapelle
5.30 oder 6.00	Byzantinischer Frühgottesdienst/ Nikolauskirche
8.00	Frühstück/Gästespeisezimmer
9.30	*Vortrag/Konferenzraum*
12.00	Sext/Nikolauskirche
12.00	Mittagshore/Konventkapelle
12.15	Mittagessen/Refektorium
14.45	*Nachmittagskaffee/Gästespeisezimmer*
15.30	*Vortrag/Konferenzraum*
17.15	Byzantinische Vesper/Nikolauskirche
17.40	Lateinische Vesper/Konventkapelle
18.15	Abendessen/Refektorium
19.30	Komplet/Nikolauskirche
19.30	Komplet/Konventkapelle

	Samstag
6.30	Morgenhore mit Eucharistie/Konventkapelle
6.30	Byzantinische Liturgie/Nikolauskirche
8.00	*Frühstück/Gästespeisezimmer*
9.30	*Vortrag/Konferenzraum*
12.00	Sext/Nikolauskirche
12.00	Mittagshore/Konventkapelle
12.15	Mittagessen/Refektorium
14.45	*Nachmittagskaffee/Gästespeisezimmer*
15.30	*Vortrag/Konferenzraum*
17.40	Vesper/Konventkapelle
18.15	Abendessen/Refektorium
19.30	Matutin/Nikolauskirche
19.30	Komplet oder Vigil/Konventkapelle

Die kursiv gedruckten Tagesordnungspunkte treffen nur für die „Kloster-auf-Zeit"-Kurse zu. Die folgenden Regeln gelten weitgehend für alle Programme von Kloster auf Zeit, auch in anderen Orden. Wer als Einzelgast ins Kloster geht und nicht an einem ausgearbeiteten Kurs teilnimmt, kann sich an diese Ordnung halten, muss dies aber nicht, soweit er im klösterlichen Rahmen bleibt und das Klosterleben nicht stört.

32.

Was passiert zu den Gebetszeiten?

Gebetszeiten im Kloster sind die traditionellen liturgischen, also feststehenden Gebete der Kirche. Sie nähren sich im römischen Ritus vor allem aus den Psalmen mit ihrer jeweiligen Antiphon, also dem liturgischen Wechselgesang; hinzu kommen Kurzlesung, Antwortgesang, Hymnus, Canticum (liedartiger Gebetstext) aus dem Evangelium, Vaterunser, Gebet, eventuell Fürbitten. Es geht ums Einüben des immerwährenden Gebetes, ums Einschwingen in eine (meditative) Haltung des Hörens und der Aufmerksamkeit auf Gott, ums absichtslose Gott-Loben und damit Bejahen der eigenen Existenz als von Gott gegeben und damit gut.

Während der Gebetszeiten ruht der übrige Klosterbetrieb der Mönche und Schwestern. Um sie herum läuft natürlich der allgemeine Wirtschaftsbetrieb weiter. In den Klosterschulen wird unterrichtet und in Gästebetrieben werden die Besucher betreut, allerdings nicht von Ordensangehörigen.

33.

Muss ich an allen Gebetszeiten teilnehmen?

Da die Gebetszeiten einen integrativen Bestandteil des klösterlichen Lebens und damit auch von Kloster auf Zeit bilden, empfiehlt sich eine Teilnahme an möglichst allen Gebetszeiten. Die Niederaltaicher betonen beispielsweise jedoch, dass sie mit Kloster auf Zeit keine Zwangsveranstaltung anbieten; wenn es einem Teilnehmer zu viel wird, kann er durchaus auch einmal eine Gebetszeit auslassen, jedoch möglichst nach Rücksprache mit dem Betreuer des Kurses. Vor allem auch die Gebetszeit am frühen Morgen kann zumindest anfangs ausgelassen werden, wenn das frühe Aufstehen zu große, eventuell auch gesundheitliche Schwierigkeiten macht.

34.

Wird im Kloster auch gearbeitet? Kann oder muss ich mitarbeiten?

Arbeit ist für die Mönche reichlich vorhanden; die Kursteilnehmer müssen nicht mitarbeiten, da die meisten die Zwischenzeiten auch für sich selbst und die eigene innere Auseinandersetzung brauchen (in der Benediktsregel steht auch nirgends etwas davon, dass Gäste mitarbeiten sollen/müssen!). Wer will, kann auf Anfrage an verschiedenen Stellen mithelfen; bei den meisten Programmen von Kloster auf Zeit und vielfach auch bei Einzelaufenthalten gehören allerdings „Tischdienst" (mit den betreffenden Mönchen zusammen Bedienen der anderen beim Mittag- und Abendessen) und „Refektoriumsdienst" (Säubern der Tische, Aufdecken für die nächste Mahlzeit) dazu, hierbei geht es vor allem um das Einüben des Dienens, konkret: des Dienstes an den Brüdern, weniger um das Arbeiten.

35.

Wie streng ist das Schweigegebot zu verstehen? Was passiert, wenn man es verletzt? Gibt es auch Klöster ohne Schweigegebot?

Es gibt mit Ausnahme von rein kontemplativen Orden, wie etwa den Trappisten, im Kloster kein „strenges Schweigegebot"; vielmehr geht es insgesamt darum, sich um eine Atmosphäre der Sammlung und Stille zu bemühen. Insgesamt wird den Teilnehmern empfohlen, nicht (zu oft) ins Wirtshaus zu gehen. Ruhe sollte herrschen im Vortragsraum vor und nach den Vorträgen, auf dem Weg von und zur Kapelle/Kirche; wenn es zu laut, zu unruhig ist, werden die Teilnehmer darauf hingewiesen und „ermahnt", in der Form abhängig vom jeweiligen Mitbruder, der diese Aufgabe gerade wahrnimmt.

36.

Steht mir jemand für Gespräche zur Verfügung?

Es stehen während der Kurse Mitbrüder, Mönche ohne und mit Priesterweihe (Patres und Brüder, Frater) für das Einzelgespräch zur Verfügung; darauf wird speziell hingewiesen, und dieses Angebot wird auch fleißig und in zunehmendem Maße genutzt.

37.

Kann ich beichten?

Das Beichten ist fast zu jeder Zeit möglich. Das kann im Beichtstuhl zu den angesetzten Beichtzeiten geschehen oder im Beichtgespräch nach Vereinbarung mit einem Priester. Dazu besteht keinerlei Rahmenbestimmung. Es gibt Beichtgespräche mit Absolution beim Spaziergang im Garten oder bei einem Treffen in einem Besprechungsraum oder einer Ecke der Bibliothek.

38.

In welchen Klöstern lebt man wirklich mit, wo ist man nur Gast am Rande?

Die Form des Mitlebens im Kloster ist eine Frage der eigenen Entscheidung. Strenge Orden setzen einer uneingeschränkten Teilnahme am Klosteralltag allerdings Grenzen. In die Klausur darf dort nur das Ordensmitglied, auch für Einzelgäste werden keine Ausnahmen eingeräumt. Bei Kloster-auf-Zeit-Programmen versuchen Benediktiner und Zisterzienser die „Brüder auf Zeit" doch recht weitgehend an ihrem Leben teilhaben zu lassen, wobei dem natürlich immer auch Grenzen gesetzt sind. Auch die Teilnehmer an Kloster-auf-Zeit-Kursen sind immer nur Gäste.

Kapitel 6
Was ich schon immer mal wissen wollte

39.
Welche Motive führen die Menschen heute ins Kloster?

Die Motive sind sehr unterschiedlich. Viel hängt davon ab, aus welcher Lebenslage sich der Einzelne dazu entschließt, eine gewisse Zeit im Kloster zu leben. Das kann damit anfangen, dass ein kunsthistorisch Interessierter seine Neugier über längere Zeit gründlich „vor Ort" stillen will.

Wer hat nicht schon vom Klosterleben gehört oder gelesen? Filme können neugierig machen, mal hinter die Kulissen der Klostermauern zu blicken. Viele wissen gar nicht, dass dies nicht nur stundenweise bei Sonntagsausflügen möglich ist, sondern tagelang im Kloster mitgelebt werden kann. Erfahren sie dann davon, finden sie schon in der Befriedigung ihrer Neugier genügend Motivation zu einem längeren Aufenthalt.

Andere fragen sich, was Klosterleben heute noch sinnvoll macht. Was sollen Gebet oder gar völlige Weltabkehr in einer materialistischen Welt? Wozu nützen Menschen, die im Produktivitätsprozess überhaupt nicht mitmischen, die auf den ersten Blick der Gesellschaft keinen Nutzwert liefern? Sind sie gar Schmarotzer? Das Klosterleben steht modernen Anforderungen und gesellschaftlichen Vorstellungen in so hohem Maße entgegen, dass allein so viel Exotik Neugier weckt.

Zahlenmäßig im geringsten Umfang führen wissenschaftliche Studien hinter die Klostermauern, wiewohl auch Historiker, Kunstgeschichtler und Theologen dort fündig werden können. Ich erinnere mich mit großem Vergnügen an eine frühe Reportage über das Vetus-Latina-Institut im Kloster Beuron, wo die vorlateinischen Texte der Christenheit studiert werden, die schließlich zur lateinischen Bibel und den muttersprachlichen Übersetzungen geführt haben. Ein alter, bärtiger Mönch – manchmal treffen die Klischees ja durchaus zu – zeigte mir, wie er Schicht um Schicht von alten Pergamenten ablöste und darunter immer wieder neue Texte ans fluoreszierende Licht seiner Lampe brachte, die mitunter Wörter enthüllten, die einem überlieferten Begriff einen ganz anderen Sinn geben konnten.

So etwas kann eine spannende Abenteuerreise in die Frühgeschichte werden, zumal die gewöhnlich allein und einsam arbeitenden mönchischen Experten nach anfänglicher Zurückhaltung ins Erzählen kommen können, wenn der Gast ihren Nerv, ihr Fachgebiet getroffen hat. Da warten im Kloster ungeahnte Erkenntnisse.

Ein „klassisches" Motiv für einen Klosteraufenthalt sind Glaubensprobleme, bei denen die Betroffenen sich, assistiert von einem Seelsorger in Kutte, besinnen wollen oder ihrem Leben eine neue Orientierung, Sinn und Eigenwert vermitteln wollen. Religiöse Erfahrungen finden die natürlichen Heimstätten im Kloster, wo niemand sich wundert, niemand unnötig fragt und niemand stört, aber viele helfen können, häufig qualifizierter als in der Seelsorge in der Heimatgemeinde.

Glaubensvertiefung gehört zu dieser Gruppe von Motiven ebenso wie überhaupt die Entdeckung der Religion. Deshalb kommen zwar nicht viele, aber immerhin einige Agnostiker ins Kloster. Ordensobere wissen von solchen Beispielen zu erzählen.

Andere suchen in einer immer mehr durch ökonomische Zwänge bestimmten Welt gewissermaßen nach einem „Gegenentwurf", auch wertemäßig, nach der Möglichkeit, auch den (weltlichen) Alltag geistlich, spirituell zu gestalten, zu leben. Die Wiederentdeckung der Klöster in der Gesellschaft hängt eng damit zusammen, dass die Amtskirchen an Glaubwürdigkeit eingebüßt haben und Werte predigen, die sie kaum noch vermitteln können. Die Authentizität der christlichen Botschaft finden viele Menschen gerade in den Klöstern. Sie gehen davon aus, dass die Mönche heute keine weltfremden Prediger sind, sondern als Weltunabhängige wissen, was der Mensch braucht. Im Unterschied zur säkularen Welt draußen verfallen sie nicht in Geschwafel und Gemeinplätze über verloren gegangene Werte. Sie leben sie vor. Sie vermitteln sie. Sie machen sie erfahrbar, weil sie sie radikaler praktizieren, als es gewöhnlich in der Außenwelt üblich und möglich ist.

Die Mönche und Nonnen wissen, dass ihr Vorbild nicht eins zu eins übertragbar ist. Das erwarten sie nicht. Auf meine Frage, was denn ein Manager von einem Mönch lernen könne, antwortete ein Gästepater: „Das Gleichgewicht, die Ausgeglichenheit." Vielleicht auch eine menschlichere Existenz von mehr Sein und weniger Haben. Mönche sind nur, sie haben nichts.

Der Vorteil der Klöster liegt in ihrer unmittelbaren Überzeugungskraft. Sie brauchen keine Abkehr von den materiellen, irdischen Werten zu fordern, weil sie sie vorleben. Klöster haben sich deshalb zu Orten verwandelt, an denen auch ohne tiefe Religiosität Halt in Lebenskrisen gefunden werden kann. Sie helfen, den Blick auf das Wesentliche frei zu machen, das Wesentliche jedes Einzelnen. Dazu reicht manchem der Rückzug in sich selbst, die Stille oder das Alleinsein. Andere erwarten Ratschläge aus einer „anderen Welt".

Was soll ein Mönch eigentlich einem gerade geschiedenen Manager sagen, der sein privates Glück im Stress und Ehrgeiz hat untergehen sehen? Stehen die Antworten im Katechismus oder finden sich Lösungen in den Mönchsregeln? Auf den ersten Blick mit Sicherheit nicht. Aber „Ora et labora" bedeutet eben nicht nur „Beten und Arbeiten". Es lässt sich mit „Aktivität und Muße" übersetzen, was zu einem ausgeglichenen Leben führt, von dem gestresste Macher bislang nur zu träumen gewagt haben. Darin liegt letzten Endes das Erfolgsgeheimnis mancher klösterlichen Übung für Manager. Wenn es ein für alle gültiges Beispiel der Mönche gibt, dann das ausbalancierte Leben, in dem kein Teil des Menschen zu kurz kommt oder unterdrückt wird.

40.
Warum christliche Klöster und nicht buddhistische, hinduistische?

Die Gegenfrage lautet: Warum soll man aus der eigenen in eine fremde Kultur wechseln, um Antwort auf existentielle Fragen zu suchen?

Lange haben die Menschen, denen westliche Konsum- und Erlebniskultur nicht mehr genügte, die abendländischen Klöster nicht als ernstzunehmenden Ansprechpartner wahrgenommen. Und auch die Klöster selbst haben die darin liegende Chance nicht realisiert. Eine Veränderung der wechselseitigen Wahrnehmung setzte erst nach den ersten Veröffentlichungen über die bisher im Verborgenen blühenden Klosterurlaube ein, die zunächst gegen den Wunsch der Orden erfolgten.

In den Jahren von 1999 bis 2001 berichteten alle Medien über den seltsam anmutenden „Klosterurlaub". Heute ist er kein Geheimtipp mehr. Ein breiteres Publikum weiß nun, dass es zum kompletten Ausstieg aus dem bisherigen Leben eine sinnvolle Alternative gibt, die von jedem gewissermaßen „um die Ecke" ergriffen werden kann. Damit will ich nichts gegen asiatische Religiosität und Übungen einwenden. Jeder muss mit sich selbst ausmachen, wie weit er gehen will. Oft stellt sich die Frage nach geistlicher Erfahrung gar nicht, weil Lebenshilfe gesucht wird etwa durch asiatische Heilmethoden.

Die findet sich in abendländischen Klöstern nur bedingt. Aber Antworten auf Lebensfragen, spirituelle Suche und Selbstfindung brauchen keine abenteuerlichen Reisen in ferne Kulturen. Darin liegt der erste überzeugende Grund für das Revival der Klöster. Sie leben aus unserer Tradition. Niemand muss seine Welt verleugnen, seine Umwelt vergessen und sich einer fremden Denkweise öffnen. Niemand wird überfordert. Er bleibt sozusagen daheim und nutzt hierzulande überlieferte Übungen und Angebote. Ob er es bewusst will oder gar nicht weiß, er lebt schließlich noch immer in einer christlich geprägten Welt.

41.

Wenn ich länger bleiben will, vielleicht ein Jahr und mehr, was muss ich beachten?

Es mag überraschen, dass Ordensangehörige auf diese Frage nicht gleich voller Begeisterung und strahlend mit einem herzlichen Willkommen reagieren: Endlich mal wieder jemand, der sich zum Mönch/zur Nonne berufen fühlt. Im Gegenteil. Sie zögern. Sie wissen, was Klosterleben mit den Gelübden heißt. Sie wissen, dass es auch bei ihnen Konflikte gibt, dass auch sie nur Menschen sind, denen alles Menschliche nicht fremd ist. Sie haben zudem erfahren müssen, dass Böswillige hinter den Klosterurlauben und erst recht hinter Kloster auf Zeit eine raffinierte, aber dennoch im Grunde nur schlecht verkappte Werbung für das Mönchtum vermutet haben.

Doch selbst wenn schlechte Erfahrungen die Offenheit auf Dauer nicht beeinträchtigt haben, bauen die Klöster Hürden auf, um keine Enttäuschungen – auf beiden Seiten übrigens – zu programmieren. Auf ein definitives Eintreten in einen Orden will ich deshalb hier nicht eingehen. Das ist ein Kapitel für sich und hat mit Klosterurlaub oder Kloster auf Zeit nichts zu tun.

Hier geht es um einen längeren Ausstieg aus der Welt und Einstieg, vielleicht auf Monate und wenige Jahre, ins Klosterleben. Am Anfang steht ein genaueres vorheriges Kennenlernen, d.h. einige vorherige kürzerer Besuche; erst dann kann sich jemand für eine bestimmte Gemeinschaft entscheiden bzw. die Gemeinschaft kann dem längeren Aufenthalt dieses Gastes zustimmen. Gewöhnlich muss dem ein ganzer Konvent zustimmen und nicht nur der Abt oder Prior.

Geklärt werden müssen besonders auch versicherungsrechtliche und weitere zivil- und vermögensrechtliche Fragen, z. B. Entlohnung für Mitarbeit bzw. Bezahlung für Unterkunft, Verpflegung usw. Die gegenseitigen Rechte und Pflichten müssen im Vorfeld genau definiert werden; in der bayerischen Benediktinerkongregation ist sogar verpflichtend vorgeschrieben, dass das Konventkapitel einem Gastaufenthalt, der länger als drei Monate dauern soll, zustimmen *muss*.

42.

Gibt es auch Klöster mit besonderem Programmangebot (Seminare, Therapien, Begleitung in Lebenskrisen)?

Nach einem oberflächlichen Blick auf die Broschüren und Websites der Klöster in Deutschland, Österreich und der Schweiz gewinnt man rasch den Eindruck, dass es in den Klöstern so viele Angebote gibt, dass für fast jedes Bedürfnis etwas geboten wird. Klassische Exerzitien sind ebenso dabei wie Seminare, Schulungen, Vortragsreihen, Einkehrtage, Fastenkuren und Kochkurse, Heilkunst, Besinnung, Meditation, Bildung. Die Vielfalt ist so groß, dass gar nicht im Einzelnen darauf eingegangen werden kann. Neben den Prospekten informieren die Klöster ihre Gäste oder Interessierte zunehmend über regelmäßige Rundschreiben, die inzwischen mehrheitlich als E-Mail oder Newsletter verschickt werden. Man kann sie kostenlos abonnieren und staunt dann nur noch, was sich in den und um die Klöster herum an Möglichkeiten auftut.

43.

Kann ich im Kloster auch Wellness-Ferien machen?

Kloster und Wellness haben nur vordergründig nichts miteinander zu tun. In Wirklichkeit ist körperliche Gesundung oder Fitness kaum möglich, wenn nicht auch die Seele saniert, gesund gemacht wird. Diese Entdeckung haben vor allem Frauenordnen genutzt und sie, wenn man so will, als Geschäftsidee realisiert. Ausgelöst wurde der Schritt zur Wellness-Klösterlichkeit in vielen Fällen durch wirtschaftliche Not. Die Häuser leerten sich. Altmodische Kneippkuren und ähnliche Traditionsanwendungen brachten weder genügend Gäste noch ausreichend Umsatz. Dichtmachen oder sich etwas einfallen lassen, war deshalb die anstehende Entscheidung. Dies führte zu Umwandlungen von Klöstern, die vor zwanzig Jahren niemand für möglich gehalten hätte. Ende der 90er- und Anfang der 2000er-Jahre erfolgten die ersten zaghaften Schritte, deren Ergebnisse inzwischen als Erfolgsgeschichten in die Ordenswelt eingegangen sind. Für Wellness-Klöster stehen Zisterzienserinnen und Dominikanerinnen, zunächst in Marienkron im österreichischen Burgenland und neuerdings Kloster Arenberg mitten in Koblenz.

Wer die Dominikanerinnen von Arenberg besucht, kann sich auf einen „Ort zum Glücklichsein“ einstellen, wie es Besucher schildern, mit allen modernen Zutaten, die zur

Abtei Marienkron der Zisterzienserinnen
Klostergasse 3
7123 Mönchhof
Österreich
Tel.: (00 43)-(0)21 73/8 02 05-0
E-Mail: kurhaus@marienkron.at
http://www.marienkron.at

Kloster Arenberg
Cherubine-Willimann-Weg 1
56077 Koblenz
Tel.: 02 61/64 01-0
Fax: 02 61/64 01-34 54
E-Mail: info@kloster-arenberg
http://www.kloster-arenberg.de

Rundumversorgung gehören. Die Gäste meditieren in Gebetsstühlen, lassen sich das Stundenbuch erklären oder hören klassische Musik. Sie gruppieren sich im Klostergarten und entdecken die verschiedensten Kräfte der Heilkräuter. In einem Schwitzbad, allerdings noch streng nach männlich und weiblich getrennt, lassen andere sich zuerst ausschwitzen, dann massieren und tauchen schließlich ins kalte Bad. Wieder andere spielen im Freien Minigolf, um anschließend vegetarisch zu speisen, mit biologisch angebautem klostereigenem Gemüse. In zwei Sälen können sie die Buffets genießen, einmal mit Plaudern, im anderen in absoluter Stille. Die Gäste bekommen von einer Schwester erklärt, wie man mit einfachen Mitteln köstliche Mixgetränke zubereiten kann. Am Abend darf es ein Gläschen im Klosterkeller sein und dazwischen stehen Priester und Psychologen für die seelischen Nöte bereit.

Wellness kann nicht umfassender und besser angeboten werden. Körperliche Gesundheit wird mit uralten Lebensweisheiten vermittelt und die Dominikanerinnen fühlen sich mit ihrem ganzheitlichen Vitalzentrum in vollem Einklang mit ihren Ordensregeln und ihren religiösen Gelübden. Erholen, begegnen und heilen kann als den ganzen Menschen umfassendes Programm verstanden werden, sagen sie, ebenso wie „Ora et labora".

Nachdem sich die Versuche, die von den ganzen Ordenskongregation getragen werden mussten, als erfolgreich herausgestellt haben, dürfte sich hier in naher Zukunft das Angebot erheblich erweitern, zumindest dort, wo die materiellen, sprich: baulichen Voraussetzungen vorhanden sind oder leicht geschaffen werden können. Die Orden investieren auf diese Weise in eine sichere Zukunft. Die Frage lautet deshalb nicht mehr, ob es Wellness im Kloster gibt, sondern nur, wo sie bereits angeboten wird.

44.

Kann ich im Kloster auch eine Fastenkur machen?

Im Prinzip kann man in jedem Kloster eine Fastenkur machen. Manche bieten zusätzlich eine geistliche Begleitung an. In Verbindung mit einem Kloster-auf-Zeit-Programm raten die Organisatoren allerdings davon ab. Eine richtige Fastenkur, wie sie die Mönche verstehen, würde die Kursteilnahme zu sehr beeinträchtigen, sagen Benediktiner, die es wissen müssen.

45.

Gibt es Kloster auf Zeit auch in den Athos-Klöstern? Gelten dort besondere Voraussetzungen?

Die Athos-Klöster, die nur für Männer zugänglich sind, bieten keine Programme im Sinne von Kloster auf Zeit an. In Einzelfällen können aber individuelle Aufenthalte gebucht werden. Die orthodoxen Klöster öffnen sich nur langsam für weltliche Angebote und leben lieber in fast eremitischer Zurückgezogenheit ohne weltliche Gäste über den Tagestourismus hinaus.

46.

Ich will guten Choralgesang hören/die Liturgie tiefer verstehen: Gibt es besondere Angebote?

Vor allem Benediktiner und Zisterzienser pflegen den gregorianischen Messgesang. Sie bieten auch Kurse und Seminare über Liturgie an, um die Schönheit dieser Gesänge zu vermitteln. In entsprechend großen Klostergemeinschaften ist es neben allem anderen ein wahrer Kunstgenuss, die Messfeiern in Gregorianik gesungen zu erleben. Die jeweiligen Jahresprogramme der Klöster geben dazu nähere Auskunft. Zur Einstimmung und Auswahl des richtigen Klosters kann auch ein Blick in das CD-Angebot diesen. Gregorianik ist heute eine über die kirchlichen Grenzen hinaus gefragte Musik.

47.

Wie beurteilen die Klöster die Wirkung der Gäste auf sie selber?

Dazu möchte ich einen Mönch selbst zu Wort kommen lassen: „Wir sehen Kloster auf Zeit als gegenseitige Bereicherung und nicht als Einbahnstraße; die „Brüder auf Zeit“ sind für uns Weggenossen, mit denen wir gemeinsam unterwegs sind, teils auch über längere Zeiträume, da sich oft bleibende Verbindungen entwickeln; wir können von den Gästen lernen; die Gäste fordern uns unter Umständen heraus und stellen uns mit unserem Lebensweg/Lebensentwurf immer wieder auch in Frage, was oft sehr gut tut, wenn es auch anstrengend und manches Mal unangenehm ist.“

48.

Haben die Klöster schon schlechte Erfahrungen gemacht und warum?

Erfreulicherweise lässt sich diese Frage verneinen. Schlechte Erfahrungen halten sich in ganz engen Grenzen, obwohl die Mönche sehr offen und „ungeprüft“ die Gäste aufnehmen, ohne im Vorfeld Motivationen abzufragen. Das bedeutet aber nicht, dass es nicht „schwierige Kunden“ gäbe. Sie brauchen mehr Mühe und Geduld als andere Gäste, weil sie beispielsweise aus einer schwierigen Lebensgeschichte heraus bzw. wegen daraus sich ergebender Probleme zeitweise ins Kloster gehen. Die Mönche betrachten jedoch diese Mühen nicht als schlechte Erfahrung, sondern als Teil ihrer selbstverständlichen Aufgabe.

49.

Welche Erwartungen können erfüllt werden, welche nicht?

Die Klöster können bei weitem nicht alle Erwartungen erfüllen, in der Regel keine konkreten Probleme lösen. Offen räumen sie meistens ein, nicht auf alle Fragen eine Antwort zu haben. Wichtig ist aber oft einfach nur, „dass wir mit unseren Gästen die Sprachlosigkeit teilen, dass wir mit ihnen auf dem Weg sind, ebenso Sucher sind wie sie und nicht fertige, vollkommene Menschen oder gar Heilige".

Erfüllt werden kann in einem Klosterurlaub eben auch nur das, was innerhalb des klösterlichen Lebensentwurfes anzusiedeln und möglich ist und was ein Kloster mit seinen Regeln, seinen geistlichen und materiellen Möglichkeiten leisten kann. Einhellig haben alle befragten Klöster darauf hingewiesen, dass psychische Erkrankungen dort nicht geheilt werden können und dass ein Klosteraufenthalt auf Zeit ungeeignet ist für Menschen, die einer psychiatrischen Behandlung bedürfen.

Die im Gegensatz zu reinen Klosterurlauben anspruchsvolleren Aufenthalte von Kloster auf Zeit setzen bei den Teilnehmern eine wirkliche und große Offenheit für das voraus, was von klösterlicher Seite auf sie zukommt, und die Bereitschaft, sich wirklich darauf einzulassen, aber auch auf das, was in der Stille und angeregt durch Vorträge, Gottesdienste usw. aus dem je eigenen Inneren aufsteigt. Die Teilhabe am klösterlichen Lebensentwurf ist gewissermaßen der Katalysator. Die Mönche versuchen, die dabei sich ergebenden Prozesse bei den Einzelnen zu begleiten.

Kapitel 7

Eine Erfolgsidee im Wandel der Zeit: Erfahrungen, Wirkungen, Veränderungen am Beispiel der Abtei Niederaltaich

Das heutige Angebot von Kloster auf Zeit wurde von den Benediktinern des Klosters Niederaltaich zwischen Regensburg und Passau entwickelt. Seine Erfahrungen stehen beispielhaft für Kloster auf Zeit. Der Anstoß kam von einem Mann aus der Wirtschaft, Dr. Gerhard Höpner, der auf seinen Geschäftsreisen in Asien eine doppelte buddhistische Praxis kennen gelernt hatte: Zum einen gibt es dort die Möglichkeit zeitlich begrenzten Mönchtums, zum anderen ziehen sich z. B. Politiker vor wichtigen Entscheidungen für einige Zeit in ein Kloster zurück. Höpner stellte sich die Frage, ob dies nicht auch im christlichen Bereich möglich wäre und führte 1960 diesbezügliche Gespräche im Münchner Ordinariat und, auf Empfehlung eines Münchner Domkapitulars hin, 1961 erste Gespräche über ein Projekt „Kloster auf Zeit" in Niederaltaich mit Abt Emmanuel Heufelder, bei dem er sofort auf ein offenes Ohr stieß. Ende 1961 versandte er ein sehr ausführliches Einladungsschreiben mit dem Vermerk „Vertraulich – Persönlich" an 800 Empfänger. In diesem Schreiben war das vorgesehene Projekt „Kloster auf Zeit" skizziert; beigefügt war ein kurzer Brief von Abt Emmanuel Heufelder, in dem die Zustimmung der Abtei ausgedrückt wurde. Von den 800 Angeschriebenen meldeten sich 200 (!) für den ersten Kurs an, 550 weitere drückten ihre Zustimmung aus. Nur ca. 50 Einladungsempfänger äußerten Skepsis.

Der erste Kurs „Kloster auf Zeit" in Niederaltaich fand vom 14. bis zum 27. März 1962 statt. Es nahmen – entsprechend der zur Verfügung stehenden Zimmerzahl – 16 ausschließlich katholische Männer zwischen 26 und 68 Jahren daran teil. Das Echo der Teilnehmer dieses ersten Kurses liegt in schriftlichen Stellungnahmen vor und war insgesamt sehr positiv. Die Mönche selbst erlebten den Kurs ebenfalls als ausgesprochene Bereicherung, und so war der Konvent von Niederaltaich sich einig, dass diese Kurse weitergeführt werden sollten.

Unmittelbar nach Abschluss des ersten Kloster-auf-Zeit-Kurses gab es die erste Veröffentlichung darüber in der katholischen Nachrichtenagentur; weitere Publikationen folgten. Daraufhin erreichten die verschiedensten Anfragen bezüglich Weiterführung und Ausweitung dieses Angebotes die Abtei Niederaltaich.

Bald übernahmen andere Männerabteien das Beispiel Niederaltaichs und boten Kurse mit je eigenem Schwerpunkt an. Mit Unterstützung Niederaltaichs wagte 1965 die Benediktinerinnenabtei Tettenweis einen ersten Versuch von Kloster auf Zeit für Frauen, genannt „Die kurze Rast". Auch diese Kurse gibt es bis heute. Ebenfalls 1965 begannen die Franziskanerinnen in Straubing ein Angebot „Kloster auf Zeit". Heute gibt es in den verschiedensten Orden und Gemeinschaften ein reiches und sehr unterschiedliches Angebot für Männer wie für Frauen.

Der Niederaltaicher Benediktiner Frater Vinzenz Proß, der sich heute um die Klosterurlauber kümmert, blickte in einem Beitrag zurück und zog die folgende Bilanz. Nach seiner Darstellung entwickelte sich Kloster auf Zeit in Niederaltaich recht stabil. Im Laufe der Jahre ergaben sich nur geringfügige Änderungen im Ablauf. Altabt Emmanuel Heufelder übergab 1976 die Moderation der Kurse an

P. Emmanuel Jungclaussen. Neben diesem beteiligen sich heute eine ganze Anzahl Mitbrüder mit Vorträgen, Führungen usw. an den Kursen. So wird die Belastung für den einzelnen Mitbruder nicht zu groß, und den Teilnehmern kann ein vielfältiges Themenangebot gemacht werden. Verstärkt nachgefragt und angeboten werden heute Theorie und praktische Übungen der Meditation.

Nachdem sich in den ersten Jahren in den Kursen Erstteilnehmer und Wiederholer mischten, erfolgte 1966 eine Differenzierung der Kurse in solche für Erstteilnehmer und solche für Wiederholer, so genannte „Wochen der Wiederkehr". Schon seit etlichen Jahren finden nun pro Jahr zwei zweiwöchige Kurse für Erstteilnehmer statt und vier einwöchige Wiederholungskurse. Auf eine vollständige Teilnahme am gesamten Kurs wird Wert gelegt, vor allem bei den Erstteilnehmern.

„Kloster auf Zeit" wird im Jahresprogramm des Gäste- und Tagungshauses der Abtei sowie in der Hauszeitschrift „Die beiden Türme" angekündigt und auf der Homepage vorgestellt. Außerdem bringen Presse, Funk und Fernsehen immer wieder Berichte über die Kurse. Nicht zu unterschätzen ist die Rolle der Mundpropaganda. Interessenten wird auf Anfrage ein Informationsbrief zugesandt, in dem die Kurse vorgestellt werden.

Die Anmeldungen für die Erstteilnehmerkurse erfolgen oft schon Monate im Voraus. Ca. drei Wochen vor Kursbeginn erhalten die Teilnehmer einen Erinnerungsbrief. Die Anreise ist für den Samstagnachmittag vorgesehen. Die Teilnehmer werden persönlich vom Betreuer des Kurses begrüßt und zu ihren Zimmern (Einzelzimmer im Gästebereich, außerhalb der Klausur) geführt. Sie erhalten bei der Ankunft eine Tagesordnung und eine Teilnehmerliste. Vor der Vesper gibt es eine kurze gemeinsame Begrüßung und die wichtigsten Hinweise. Der offizielle Beginn ist mit Vesper und Abendessen. Nach der Sonntagsvigil am Samstagabend erfolgt eine Vorstellungsrunde, bei der die Programmgestaltung und weitere Fragen zum Ablauf besprochen werden. Dabei wird besonders auf den Wert der Stille sowie auf die Möglichkeiten zum Einzelgespräch hingewiesen. Am Sonntagnachmittag erhalten die Teilnehmer den ersten Vortrag mit einer Hinführung zur anschließenden „Einkleidung" mit einem speziell für die Kurse angefertigten schwarzen Chormantel. Diesen sollen die Teilnehmer zu den Gottesdiensten sowie zu den gemeinsamen Mahlzeiten mit den Mönchen im Refektorium tragen. Außerdem wird der Ein- und Auszug zum Gottesdienst geübt. Der Chormantel soll, wie das weite Gewand der Mönche, Hilfestellung für Stille und Gebet geben. Er drückt aus, dass die Träger aus ihrem Alltag heraustreten und sich auf einen Weg machen wollen, und er veranschaulicht die brüderliche Verbundenheit der Kursteilnehmer untereinander und die Hineinnahme in die Gemeinschaft der Mönche. Manche Teilnehmer haben eine gewisse Scheu, diesen Mantel zu tragen, der dem monastischen Gewand ähnlich ist. Andere müssen in ihrem Eifer gebremst werden, da sie den Chormantel gar nicht mehr ausziehen wollen. Insgesamt wird er aber in seinem Zeichencharakter von den Teilnehmern gut verstanden und gerne angenommen.

Der Tagesablauf lehnt sich eng an die klösterliche Tagesordnung an. Das Grundgerüst bilden die Gebetszeiten, einschließlich des Frühchores mit Eucharistiefeier. Zwischen den beiden in Niederaltaich gefeierten Riten können die Teilnehmer frei wählen und auch während des Kurses wechseln. Frühstück und Nachmittagskaffee nehmen die Teilnehmer für sich in den Gästespeiseräumen ein, Mittag- und Abendessen mit den Mönchen im Refektorium. Die Vorträge, die die „Brüder auf Zeit“ vormittags und nachmittags erhalten, beschäftigen sich mit benediktinisch-monastischer und allgemein christlicher Spiritualität, Heiliger Schrift, Liturgie, ostkirchlicher Spiritualität und Theologie, christlicher Meditation einschließlich Meditationsübungen, theologischen Fragen allgemein und Themen, die Niederaltaich betreffen. Diese geistig-geistliche Unterweisung soll zum einen helfen, das klösterliche Leben zu deuten und das Mitleben zu erleichtern und fruchtbar zu machen, zum anderen kann sie Impulse geben und Perspektiven aufzeigen für ein sinnvolles geistliches Leben im Alltag. Vor und nach den Vorträgen sollte im Tagungsraum Schweigen herrschen; es gibt keine Plenumsdiskussionen, dafür stehen die Referenten für Nachfragen zur Verfügung. Neben dem Vortragsangebot gibt es Führungen (Kirchen, Bibliothek, Likörkeller, gegebenenfalls Ausstellungen), um die Teilnehmer mit dem Ort und seinen Gegebenheiten vertraut zu machen.

Als sehr wichtig und hilfreich hat sich das Angebot einer freiwilligen „offenen Gesprächsrunde“ nach ca. fünf Tagen erwiesen. Hierbei kommen meist zunächst sehr konkrete, die klösterliche Gemeinschaft und ihr Leben betreffende Fragen zur Sprache, aber auch sehr tief gehende geistliche

Probleme und Fragestellungen. Unter Umständen ist eine weitere solche Runde in der zweiten Woche erforderlich. Diese Gespräche sind für den Betreuer eine große Herausforderung – und meist ein kleines Abenteuer.

Früher wurden hin und wieder Ausflüge in die Umgebung unternommen an Orte, die in einer Beziehung zu Niederaltaich stehen. Da während der Fahrten in Pkws kein rechtes Gemeinschaftserleben auftreten kann und gemeinsame größere Wanderungen aufgrund des Alters und Gesundheitszustandes einzelner Teilnehmer oft nicht möglich sind, wird darauf inzwischen verzichtet.

Wichtig ist es, immer wieder auf den Wert der Stille und des Alleinseins hinzuweisen, Hilfen dafür aufzuzeigen (längere Spaziergänge!) und vor allem die Stille, zumindest im Vortragsraum und auf den Gängen, einzufordern. Den Kursteilnehmern stehen Tageszeitungen und ein Aufenthaltsraum zur Verfügung, jedoch kein Radio und kein Fernsehen. Abendliche gemütliche Runden sollten eher die Ausnahme sein. Gerade in Bezug auf Schweigen und Stille ist in besonderer Weise die Vorbildfunktion der Mönche gefragt.

Schwierig ist es, die Teilnehmer an den spezialisierten Arbeitsabläufen der Gemeinschaft zu beteiligen, ganz abgesehen von versicherungsrechtlichen Fragen in diesem Zusammenhang. Außerdem benötigen viele Teilnehmer die freien Zwischenzeiten für sich selbst. So bleibt nur die Möglichkeit eines freiwilligen Angebots zur Mitarbeit, meist im Garten oder in der Bibliothek, manches Mal bei größeren Putzaktionen zusammen mit den Mönchen.

Das Herausgelöstsein aus ihrem oft sehr stressigen Alltag, die eingeschränkten Ablenkungsmöglichkeiten und daraus folgend die Konfrontation in der Stille mit sich selbst, noch vertieft durch die vielfältigen geistlichen Impulse, stellt an viele Teilnehmer hohe Anforderungen. So kommt es immer wieder vor, dass Teilnehmer nach einigen Tagen den Kurs abbrechen und abreisen, unter Umständen sogar „fluchtartig". Sehr wichtig ist deshalb das Angebot und der wiederholte Hinweis auf die Möglichkeit von Einzelgesprächen, die in der Regel gerne und reichlich angenommen werden und unter Umständen von den Gesprächspartnern ein großes Maß an Konzentration und Einfühlungsvermögen fordern. Auch braucht es auf Seiten des Betreuers eine große Wachsamkeit, um bei einzelnen Teilnehmern aufkommende Probleme zu erspüren und gegebenenfalls von sich aus die Initiative zu ergreifen und den Betreffenden anzusprechen, allerdings immer mit der gebotenen seelsorgerlichen Zurückhaltung und Vorsicht.

Die einwöchigen Wiederholerkurse entsprechen in ihrem Ablauf den Ersteilnehmerkursen, wobei das Vortragsprogramm in der Regel nicht thematisch in sich geschlossen ist. Den Chormantel bekommen die Wiederholer gleich bei ihrer Ankunft. Jeder Gast, der einmal an Kloster auf Zeit teilgenommen hat, darf bei jedem seiner Aufenthalte, auch als Einzelgast, den Chormantel tragen. Es ist darauf zu achten, dass bei den Wochen der Wiederkehr keine zu ausgeprägte „Veteranenmentalität" entsteht. Andererseits schafft die Möglichkeit der Wiederholung ein Moment der Kontinuität und Stabilität, in dessen Rahmen die geistlichen

Anregungen immer wieder aufgefrischt werden können. Es entstehen bleibende Kontakte mit längerfristiger geistlicher Begleitung und eine bleibende Verbundenheit mit dem Kloster, wodurch die Teilnehmer Beheimatung erfahren. Ebenso können tiefe Freundschaften der Kursteilnehmer untereinander entstehen. Die Wiederholerkurse bauen nicht systematisch aufeinander auf, so dass eine Teilnahme in sehr unterschiedlicher Frequenz und in unterschiedlichen Abständen möglich ist, wie es der Situation und den Wünschen der „Brüder auf Zeit“ entspricht.

Der Teilnehmerkreis bietet heute ein ausgesprochen buntes Bild. Das Lebensalter der Ersteilnehmer reicht von 17 bis Anfang 80, besonders vertreten ist die Altersgruppe zwischen 35 und 65. Deutlich erkennbar sind Häufungen an biographischen Umbruchstellen: Übergang Schule – Studium, Studium – Beruf, Beruf – Ruhestand, Lebensmitte („Midlifecrisis“!). Es kommen aber auch Teilnehmer in höherem Alter mit dem Wunsch nach Lebensrückblick und Vorbereitung auf den Tod. Immer wieder sind Teilnehmer dabei, die in jüngster Vergangenheit den Lebenspartner verloren haben oder selbst schwer krank sind. Der Familienstand der Teilnehmer ist verschieden.

Die kirchliche Bindung der Teilnehmer ist ausgesprochen unterschiedlich, vom praktizierenden Katholiken oder engagierten evangelischen Christen über Kirchenferne oder Ausgetretene bis hin zu Teilnehmern, die bislang ihre religiöse Orientierung in außerchristlichen Religionen oder esoterischen Bewegungen gesucht hatten.

Die berufliche Palette ist genauso vielfältig, wobei vor allem Beamte, leitende oder mittlere Angestellte, Freiberufler (Rechtsanwälte, Ärzte, Architekten) vertreten sind, in geringerem Maße Hochschullehrer, Handwerker, Studenten, Auszubildende, Schüler und Ingenieure. In Niederaltaich sind unter den Teilnehmern wenige Topmanager oder Politiker vertreten und praktisch gar keine Arbeiter.

Die Teilnehmer kommen nicht nur aus Deutschland und dem deutschsprachigen Raum, sondern darüber hinaus aus Schweden, Dänemark, den Niederlanden und Tschechien. Einige Versuche, gruppenspezifische Kurse durchzuführen, haben sich in Niederaltaich nicht bewährt.

Eine Auswahl der Teilnehmer oder Klärung der Motive erfolgt im Vorfeld nicht. In dem oben erwähnten Informationsbrief wird allerdings Menschen, die in psychiatrischer oder psychotherapeutischer Behandlung sind, von einer Teilnahme abgeraten.

Die Teilnehmer kommen mit sehr unterschiedlichen Motiven zu den Kursen. Für manche geht es vor allem darum, sich zurückzuziehen, körperlich und seelisch aufzutanken, sich zu erholen und zur Ruhe zu kommen. Andere bringen sehr konkrete Wünsche mit und möchten etwa in den Medien über Kloster auf Zeit berichten; wieder andere sind einfach neugierig auf das Klosterleben; speziell in Niederaltaich kommt noch das Interesse am byzantinischen Ritus hinzu. Manchen Teilnehmern geht es um die Frage der Konversion zum Katholizismus oder um die des eigenen

Eintritts in einen Orden, ein Kloster. Bei den meisten Teilnehmern ist letztlich eine tiefe Sehnsucht zu verspüren: Es geht ihnen um eine Einübung in christliche Vollzüge, um Erweiterung und Vertiefung ihres Glaubenswissens und um christliche Werte. Andere suchen nach religiöser Erfahrung und Gottesbegegnung, nach Gemeinschaft im Glauben und nach alltagstauglichen Formen von Gebet und Meditation. Im Zusammenhang damit nehmen viele der „Brüder auf Zeit" ganz konkrete Vorsätze für ein christliches Leben mit nach Hause. Verschiedene Teilnehmer fragen nach geistlicher und geistiger Orientierung ganz allgemein oder unter speziellen Fragestellungen, z. B. in ihrem Verhältnis zur Kirche oder in Bezug auf bestimmte Lebensentscheidungen. Wieder andere der Männer stellen sich die Frage nach dem Sinn ihres konkreten Lebens oder nach der eigenen Identität, der sie durch die Selbstbegegnung in der Stille, angeregt durch das Mitleben und die Impulse, nachgehen möchten. Auch eine Lebensrückschau und -bilanz kann in den Tagen des Klosterlebens geschehen.

Zusammenfassend lässt sich also sagen, dass als Motivation zum einen der Wunsch nach Erholung und Auftanken besteht. Während dies in den ersten Jahren von Kloster auf Zeit sicher im Vordergrund stand, überwiegt heute bei den Teilnehmern ganz klar die Suche nach Sinn, Orientierung und Identität. Viele mündliche und schriftliche Reaktionen und Äußerungen der Teilnehmer und die hohe Zahl der Wiederkehrer belegen, dass das Niederaltaicher Modell von Kloster auf Zeit den diesbezüglichen Erwartungen der Teilnehmer zu entsprechen vermag.

Selig der Mensch,
der den Nächsten in seiner Unzulänglichkeit
genauso erträgt,
wie er von ihm ertragen werden möchte.

Franz von Assisi

Kapitel 8

Wie die Mönche es sehen

Das Projekt war ein voller Erfolg; die Mönche können zufrieden sein: Der 29-jährige britische Softporno-Produzent Tony Burke lebt 40 Tage und 40 Nächte für einen Film der BBC mit dem Titel „The Monastery" („Das Kloster") in der Benediktiner-Abtei Worth Abbey, bekehrt sich nach dem Aufenthalt zu Gott und gibt seinen bisherigen Beruf auf. Der dreiteilige Film läuft im britischen Fernsehen und löst eine Flut von Anfragen aus. Die „Doku-Soap" über fünf Atheisten unterschiedlicher Herkunft, die zeitweise im Kloster leben, lässt die Mailbox des Klosters überquellen. Abt Mark Barrett fühlt sich bestätigt: „Wir wollten durch die Kameras im Kloster auch Kirchenfernen bei der Suche nach Gott helfen."

Ortswechsel von der britischen Insel ins obere Donautal. Im Kloster Beuron lebten vor 50 Jahren noch 300 Mönche. Heute sind es noch 60. Nach jahrelanger Überalterung ist die Nachfrage inzwischen leicht steigend. Es gibt wieder Novizen. Darüber hinaus sind die 40 Gästezimmer stets gut ausgebucht. Jährlich kommen 1700 Gäste. Unter ihnen finden sich Angehörige aller Berufsgruppen, aber auch Menschen wie jener Rentner, der alle zwei Monate für zwei Wochen ins Kloster geht. Vollpension und Betreuung findet er optimal.

Die Beuroner Benediktiner sind, was Gäste im Kloster angeht, geteilter Meinung. Versuche, Kloster auf Zeit nach Niederaltaicher Vorbild anzubieten, sind im Sande verlaufen. Die Nachfrage war zu gering. Einer Auseinandersetzung mit der weltlichen Sphäre stehen die Mönche eher distanziert gegenüber. Wer hierher kommt, um auf Dauer als Mönch zu leben oder nur für kurze Zeit, will zuverlässige Orientierung, stabile Verhältnisse und Sicherheit – in jeder Beziehung.

Erzabtei Beuron
Abteistr. 2
88631 Beuron
Tel.: 0 74 66/17-1 58
Fax: 0 74 66/17-1 59
E-Mail: gastpater
@erzabtei-beuron.de
http://www.erzabtei-beuron.de
(Anmeldungen und Anfragen unter Beifügung von Rückporto an:
P. Landelin Fuß OSB, Gästepater der Erzabtei)

Vielleicht liegt in dieser Stabilität eines Benediktinerkonvents auch die eigentliche Anziehungskraft von Kloster Beuron. Draußen Verunsicherung, Lebensängste, Sinnentleerung. Im Kloster das genaue Gegenteil. Allenfalls treibt die Mönche die Sorge um, dass gescheiterte Menschen sozusagen auf der Flucht vor der Wirklichkeit den Weg ins malerische Beuron finden und auch hier scheitern. Ansonsten geht das Leben hier den gewohnten, ruhigen Gang. Nach Reformen zu fragen, scheint nahezu unangebracht. Was, welche, wozu? Ein Drittel aller Klostergäste sucht ohnehin gezielt spirituelle Erfahrungen. Sie werden in den meisten Fällen auch gefunden. Das Kloster sieht sich als ruhenden Pol, auf den man zugeht, und nicht umgekehrt.

Andere Gemeinschaften schätzen die Situation anders ein. Sie fühlen sich durch die Gäste angeregt und wollen nicht nur deren Hort der seelischen Gewissheit sein. Die weltlichen Gäste haben bei ihnen ein Umdenken veranlasst, dessen langfristige Wirkung noch nicht abzusehen ist. So fühlt der neue Generalsekretär des Verbandes der Ordensoberen in Deutschland, Rüdiger Kiefer, sich selbst und die Gemeinschaften dazu angeregt, nach „Kloster auf Zeit" auch über „Mönche auf Zeit" nachzudenken, wie es sie im Buddhismus gebe. Er könne sich zeitlich befristete Bindungen an ein Kloster als Alternative neben lebenslangen Gelübden vorstellen, so der Pallottiner-Pater.

Die Zukunft der Orden beurteilte Kiefer trotz Nachwuchsmangels optimistisch. Von einem Aussterben könne keine Rede sein. Es würden sich allerdings einige Gemeinschaften im Laufe der Zeit aus Deutschland zurückziehen, weil sie woanders mehr Nachwuchs hätten. Er sehe derzeit in den deutschen Gemeinschaften „viel frischen Wind am Werk". Sie überlegten stärker, wie sie ihren ursprünglichen Auftrag neu beleben könnten. Vielleicht kommen die Impulse dazu ja auch aus der intensiveren Begegnung mit Klostergästen.

Die Reformanstöße durch die Auseinandersetzung der Mönche und Nonnen mit ihren Gästen lassen sich in drei Richtungen teilen. Erstens: Die Organisatoren fester Kloster-auf-Zeit-Programme fragen sich, ob ihr Angebot stets den Erwartungen entspricht oder ob sie Veränderungen vornehmen müssen. Zweitens: Einzelgäste schaffen ganz andere Probleme. Wie stark können sie von den Mönchen eingebunden werden? Was soll ihnen angeboten werden? Wie weit wollen sich die Klöster überhaupt öffnen? Und drittens: Welche Folgerungen ergeben sich für das Klosterleben allgemein und das Bild vom Mönchtum im Besonderen?

Kloster auf Zeit als festes Programm braucht Veränderungen

Die Konsequenzen aus Kloster auf Zeit spüren die Niederaltaicher Benediktiner am deutlichsten. Ihr Modell stößt immer wieder an Grenzen. Manches ist neu zu hinterfragen, anderes vielleicht änderungsbedürftig. So sollte das Vortragsangebot immer wieder darauf überprüft werden, ob die Themen für die Teilnehmer und ihr Leben wirklich relevant sind.

Die bisherige Niederaltaicher Praxis, dass über die Vorträge nicht im Plenum diskutiert wird, stößt zunehmend weniger auf Verständnis. Den Teilnehmern sollte so gut als möglich vermittelt werden, dass es sinnvoll ist, geistliche Themen nicht durch Diskutieren zu zerreden, sondern sich im eigenen Herzen damit auseinander zu setzen. Eventuell braucht es aber doch mehr Gelegenheit zum gemeinsamen thematischen Gespräch.

Zum Teilnehmerkreis wäre zu fragen, ob es nicht Möglichkeiten gibt, Kloster auf Zeit auch für die Nicht-Akademiker attraktiv zu machen. Zwar können die Benediktiner auf eine anspruchsvolle Kundschaft blicken – etwa leitende Angestellte oder Selbständige mit Abitur und Studium, also Gesprächspartner, die intellektuelle Ansprüche stellen und anregen können. Andererseits dürfen Überlegungen nicht ausbleiben, wie die Kursteilnehmer in die Arbeitsabläufe der gastgebenden Gemeinschaft mit eingebunden werden können, was unter Umständen bei solchen Gästen problematischer ist.

Eine Gefahr liegt vielleicht auch darin, dass auf gruppendynamische Prozesse keinerlei Einfluss genommen wird. In der Regel finden sich die zufällig und bunt zusammengewürfelten Gruppen recht schnell zu einer Gruppe mit einem Wir-Gefühl zusammen. Selten kann vorkommen, dass zwischen einzelnen Teilnehmern schwerwiegende Probleme auftreten, die ein Eingreifen seitens der Betreuer erfordern.

Kloster auf Zeit kann nicht alles leisten und nicht allen unterschiedlichen Erwartungen der Teilnehmer entsprechen. Es wird sich immer an den konkreten Bedingungen des jeweiligen klösterlichen Lebens ausrichten müssen. Deshalb fordert das Programm von den Teilnehmern Offenheit, damit diese Zeit für sie fruchtbar werden kann. Andrerseits braucht das klösterliche und geistliche Leben der Gemeinschaft seinerseits Schutzräume, auch deshalb, weil Kloster-auf-Zeit-Kurse nur dann sinnvoll für die Teilnehmer sein können, wenn das geistliche Leben des gastgebenden Konventes gelingt.

Die Teilnehmer an Kloster auf Zeit sind nicht Mönche auf Zeit – in Niederaltaich werden sie „Brüder auf Zeit" genannt –, sondern Gäste im Kloster. Die Frage nach einem wirklichen Mönchtum auf Zeit, ähnlich wie im Buddhismus, wird auch aus benediktinischer Sicht zunehmend an Bedeutung gewinnen und auf Antworten der „Schwestern und Brüder auf Lebenszeit" warten.

Um den Menschen unserer Zeit etwas in der Art und Weise von Kloster auf Zeit anbieten zu können, bedarf es einiger

Voraussetzungen in der jeweiligen Gemeinschaft. Prinzipiell sollte die ganze Gemeinschaft bereit sein, ein solches Projekt mit allen Belastungen mitzutragen oder zumindest zu tolerieren, was nicht immer der Fall ist. Immer wieder sperren sich einzelne Mönche gegen das Konzept, weltliche Gäste aufzunehmen, auch wenn die Klöster insgesamt für eine Öffnung sind.

Die Gemeinschaft selbst sollte ein strukturiertes klösterliches Leben ohne allzu viele Außentätigkeiten und ohne allzu viel Hektik führen. Und sie sollte in ehrlicher Offenheit für die sehr unterschiedlichen Teilnehmer bereit sein, diese wirklich als Brüder/Schwestern auf Zeit an- und aufzunehmen. Sicherlich sollten mehrere Mitbrüder/-schwestern bereit sein, an den Kursen konkret mitzuarbeiten und Vorträge, Führungen und Meditationsübungen zu übernehmen. Daneben braucht es Mitglieder der Gemeinschaft, die bereit sind, die Verantwortung mitzutragen und zu teilen und z.B. für Einzelgespräche zur Verfügung zu stehen. Die Teilnehmerzahl sollte in einem gesunden Verhältnis zur Zahl der Mitglieder der Gemeinschaft stehen. Eine Höchstzahl von 20 Teilnehmern, wie zur Zeit in Niederaltaich, stellt wohl die absolute Obergrenze dar.

Entscheidend für das Gelingen von Kloster auf Zeit ist jedoch sicher die eigene geistliche Erfahrung bzw. Gotteserfahrung und daraus folgend die Überzeugung, dass das, was die Mönche auf ihrem geistlichen Weg der Gottsuche im Kloster leben bzw. zu leben versuchen, Leben in Fülle bedeutet, Sinn hat und hilfreich ist, nicht nur für sie, sondern auch für ihre Schwestern und Brüder in einem „weltlichen Alltag". „Nur wenn wir uns um ein authentisches christliches Leben bemühen, werden wir die Erfahrung unbedingten Angenommen-Seins machen und weitergeben können."

Bei dieser Form von Kloster auf Zeit geht es darum, die Gäste weitgehend in die klösterliche Gemeinschaft mit ihrer erprobten und bewährten christlichen Lebensgestalt und ihrem Rhythmus mit hinein- und aufzunehmen, und zwar wirklich als Brüder und Schwestern. Durch die begleitenden geistigen und geistlichen Impulse können die Kursteilnehmer hingeführt werden zur Stille und Sammlung und so zum Hören auf Gott im eigenen Inneren. In den Wiederholungskursen können die Teilnehmer Kontinuität und Stabilität erfahren, besonders dort, wo sie immer wieder auf die gleichen „stabilen" Konvente treffen. Auf diese Weise kann Kloster auf Zeit bei den Teilnehmern zu einer ernsthaften und kritischen Auseinandersetzung mit dem eigenen Lebensinhalt führen. Und so können die Mönche im Miteinander-Leben gelebte und als sinnvoll und tragend erfahrene christliche Spiritualität und somit Sinn, Orientierung, Beheimatung und Identität vermitteln. Benediktiner Vinzenz Proß: „Und wir können unseren Schwestern und Brüdern von ‚Kloster auf Zeit' Anteil geben an diesem letzten und tiefsten Angenommen-Sein, von dem her wir selbst leben."

Was für Einzelgäste verbessert werden kann

Viele Erfahrungen, die man als Teilnehmer in einer Gruppe von Gästen im Rahmen eines festen Kloster-auf-Zeit-Programms machen kann, können auch individuell vermittelt werden, wenn die Klöster entsprechend Ordensleute abstellen. Natürlich ist es schwierig, sozusagen auf Abruf je nach geistlichem Bedürfnis der Gäste bereit zu sein. Damit erfüllen die Mönche und Nonnen aber letzten Endes nur einen Seelsorgeauftrag in einem besonderen Rahmen. Wie weit die Gäste dazu ins Klosterleben eingebunden werden können, ist wohl von Haus zu Haus und Orden zu Orden unterschiedlich zu lösen.

Beim Klosterurlaub von Marketing zu sprechen, mögen viele als befremdlich empfinden. Seitdem aber auch Bistümer Unternehmensberater konsultieren, liegt der Gedanke nah, die Rückkehr der Klöster in die Gesellschaft auch unter wirtschaftlichen und Management-Aspekten zu betrachten. Leider von Intrigen und internen Auseinandersetzungen getrübt, hat Kloster Andechs bei München Schlagzeilen gemacht. Dabei entspricht eine modern geführte Bierbrauerei mit Franchising letzten Endes der Idee, mit der die Benediktiner in Europa Entwicklungshilfe betrieben und Landwirtschaft praktiziert und gelehrt haben.

Die Scheu vor modernem Wirtschaften ist da völlig unbegründet und lässt sich nicht mit der benediktinischen Idee rechtfertigen. Immerhin liegt in solchen Geschäftsideen ja auch die Erkenntnis, dass Klöster als Betriebe nicht allein von Spenden und gutem Willen abhängig sind. Sie wirtschaften so gut, dass sie auf dieser Basis ihren eigentlichen Auftrag an den Menschen erst unabhängig erfüllen können. Deshalb könnte gerade für Einzelgäste mehr getan werden, wenn es um die Vermarktung der Betriebe rund um die Klöster geht.

Klosterläden waren zeitweise richtig in Mode. Den Klöstern eilte der Ruf voraus, gesunde Produkte zu liefern, natürliches Leben, Naturmedizin und auch natürlichen Genuss. Nicht immer sind diese Läden auch so geführt worden, wie es sich die Klöster für ihre Waren gewünscht hätten. Bücher und Liköre, Wurst und Salben in einem Laden bilden vermutlich nicht die richtige Mischung. Der gemeinsame Nenner „Alles aus dem Kloster" reicht nicht aus. Vielleicht bringen ja Klosterurlauber aus ihren Erfahrungen Verbesserungsvorschläge ein. Schätze genug liegen in den meisten Klöstern verborgen. Hier öffnet sich noch ein weites Feld für den Dialog zwischen den Klöstern und ihren Gästen.

Die Wirkung von Klosterurlaubern auf das Mönchtum

In Beuron wird, wie beschrieben, eine Auswirkung der Gäste nicht ausgeschlossen, aber auch nicht unbedingt erwartet. In Niederaltaich lassen sich die Mönche mit ihren Gästen ein und schrecken nicht davor zurück, sich selbst verändern zu lassen. Die Ordensoberen wiederum erkennen darin eine Chance, die genutzt werden muss – mit offenem Ende.

Einer, der sowohl asiatische als auch europäische Mönchstraditionen kennt, ist der Abtprimas der Benediktiner, der Deutsche Notker Wolf, oberster Benediktiner mit Residenz im Kloster Sant'Anselmo auf dem römischen Aventin-Hügel in Sichtkontakt zu Sankt Peter. Er stellte sich schon nach seiner ersten Begegnung 1979 mit dem Buddhismus in Thailand immer wieder die Frage, ob nicht auch in Europa „Mönche auf Zeit" als Möglichkeit in Erwägung gezogen werden sollten.

Es wird auf die Gestaltung ankommen, antwortet er auf meine Anfrage. Er würde es durchaus für gut halten, wenn junge Leute, bevor sie „ins Leben steigen", einige Zeit, z.B. drei Monate, in einem Kloster zubrächten, oder später bei einem Berufswechsel oder in der Lebensmitte. Weiter: „Dafür muss dann aber ein eigenes Programm entwickelt werden. Wenig halte ich davon, auf diese Weise der heutigen Bindungsangst entgegenzukommen. Denn einfach nur für ein paar Jahre in einer Gemeinschaft mitzuleben, um dann möglicherweise wieder zu gehen, stört eine Gemeinschaft;

es muss dann eben immer noch Leute geben, die wirklich ein Kloster auf Dauer tragen. Solche Leute [die nur einige Zeit im Kloster leben, H. O.] können nicht fest eingesetzt werden. Es wäre vielleicht eine Hilfe für Unentschlossene, für solche, die es mal ausprobieren wollen. Das könnte man auch einrichten, aber das geht nur auf dem Boden einer festen Gemeinschaft, oder man gründet eine Gemeinschaft, die vielleicht von ein oder zwei Leuten getragen wird und ansonsten mit lauter Mönchen auf Zeit zusammenlebt."

In der Abtei Worth in England gab es einen solchen Versuch, aber nach Abt Notkers Wissen wurde er wieder aufgegeben. Die entscheidende Frage, die man stellen muss: Wozu bist du gekommen: um Gott zu suchen – das ist benediktinisch – oder dich selbst?

Kapitel 9

Was, wenn es nicht klappt mit dem Klosteraufenthalt?

50.

Was macht man, wenn man während des Aufenthalts das Gefühl hat, es geht nicht mehr? Passiert das häufig?

Es kommt immer wieder vor, dass Teilnehmer die Konfrontation mit sich selbst in der Stille nicht aushalten und dann am zweiten oder dritten Tag abreisen. Erfahrene Klosterbesucher kennen den Effekt. Sie nennen ihn den „Schock der Stille", der am helllichten Tag einsetzen kann, besonders aber am späten Abend, wenn es erdrückend still wird. Plötzlich wird einem bewusst, dass nichts vorhanden ist, das einen ablenken könnte.

Wer keine Lektüre dabeihat, wird gewahr, wie sehr er doch von einer fast stets vorhandenen Geräuschkulisse abhängt. Er hat sich an Straßenlärm, an den im Hintergrund laufenden Fernseher, an Geräusche aus der Natur oder ein Grundrumoren der Mitbewohner gewöhnt. In der Stadt sinkt der Geräuschpegel nie unter ein gewisses Maß ab. Jetzt plötzlich Stille, Stille, nichts als Stille. Man schaut sich um. Man öffnet die Fenster. Von draußen dringt allenfalls das Rauschen von Bäumen oder Wasser oder ein Vogelruf herein. Die nächtliche Ruhe steht nicht einfach nur in der Klosterordnung. Sie wird tatsächlich eingehalten. Sie gehört zum Kloster wie Tag und Nacht zum Lauf des Jahres.

Die Stille zwingt zur Ruhe. Die meisten geben sich ihr hin, denken und dämmern vor sich hin, träumen oder philosophieren. Sie genießen die Stille als beruhigend und tröstend; sie schätzen es, endlich allein und ohne Stress zu sein. Auch die Gedanken an die nächsten Tage lassen keine Hektik oder Unruhe aufkommen. Es ist eben die Ruhe der Mönche.

Sie kann aber als völlig neue Erfahrung beunruhigen, nerven, verunsichern. Kann das denn wahr sein, dass alles so still ist? Bin ich tot oder lebe ich noch? Ich zwicke mich. Es schmerzt. Ich denke laut und höre mich. Ich möchte rufen, traue mich aber nicht. Die Stille beherrscht mich. Sie zwingt mich, auch still zu sein. Halte ich das aus? Soll ich nicht doch weggehen?

Für solche Momente empfehlen die Mönche das Gespräch. Es muss ja nicht gleich um Mitternacht sein, wenn wirklich alle schlafen. Aber nach durchstandener stiller Nacht sollte nicht länger gewartet werden. Allein ist niemand mit solchen Stilleschocks. In einem Fall hat sich der solcherart Heimgesuchte genauso still davongemacht. Er schämte sich zunächst und wollte nicht darüber sprechen. Er ging einfach aus dem Kloster und kehrte immerhin am selben Abend zurück. Er wollte für einige Stunden wieder unter Alltagsmenschen sein, Straßenlärm hören, auch wenn es nur die dörfliche Idylle eines verschlafenen Provinzortes war. In einem anderen Fall verständigte der Orden allerdings auch die Polizei, da der Gast nachts nicht ins Kloster zurückkam und man sich Sorgen machte.

Wenn die klösterlichen Betreuer den Eindruck bekommen, dass ein Gast mit der Ruhe nicht zurechtkommt, sprechen sie ihn auch von sich aus an. Gerade Männer haben häufig Hemmungen, über so persönliche Erfahrungen zu sprechen, erst recht, wenn sie meinen zu versagen und dem selbstgesetzten Ziel nicht zu genügen. Das Gespräch rettet dann beides: das Kursziel und die richtige Selbstwertschätzung.

Wenn es trotz solcher beidseitiger Versuche nicht klappt oder weil man es auf keinen Fall zu einer Aussprache kommen lassen will, kann ein Kursteilnehmer und jeder Einzelgast ohnehin jederzeit abreisen. Das ist ihm unbenommen und wird auch von den Klöstern verstanden.

In den vergangenen Jahren brechen Klostergäste aber eher selten ihren Aufenthalt vor der Zeit ab. Die Klöster verzeichnen weniger vorzeitige Abreisen. Sie führen dies darauf zurück, dass die Teilnehmer sich viel bewusster und konkreter für einen solchen Aufenthalt entscheiden, sich viel klarer auf die ablaufenden Prozesse einlassen und auch im Vorfeld viel mehr erfragen. Sichtbarere Beweise für die bessere Vorbereitung finden sich in den Büros, in Akten und Mailordnern: Die Korrespondenz mit den Teilnehmern im Vorfeld eines Kurses hat massiv zugenommen – ein Zeichen dafür, dass Klosterurlaub als das, was er im besten Sinne bedeuten kann, im Bewusstsein der Menschen angekommen ist und ernst genommen wird.

Lebenskunst aus der Stille

Hanspeter Oschwald

Der Klosterurlaubsführer

Erfahrungen – Informationen – Tipps
Band 5386

„Klosterurlaub" – das heißt: Auszeit nehmen vom Alltag. Ruhe finden – und die Zeit, nachzudenken über das, was im eigenen Leben wichtig ist.

Peter Seewald

Die Schule der Mönche

Inspirationen für unseren Alltag
Band 5405

Das klösterliche Leben, seine Regeln und Gebote, die Weisheit und Spiritualität bietet überraschend konkrete Antworten auf die Probleme unseres Alltags.

Bettina Weiguny

Das Beste aus dem Klosterladen

Natürlich genießen – Die besten Tipps
Band 5415

Ob Käse, Wein, Kosmetik: Produkte „made im Kloster" stehen für achtsame Herstellung, außergewöhnliche Qualität, Reinheit und Naturnähe. Überliefertes Wissen der Mönche.

Werner Vullhorst / Engelbert Beule

Was Leib und Seele zusammenhält

Gespräche zwischen Mönch und Koch
Band 5416

Ein Mönch und ein Spitzenkoch im Dialog über alles, was Leib und Seele gut tut. Es gibt viele Wege zu Gott. Einer geht durch die Küche.

San Cucino hat geholfen

Gerichte und Geschichten eines Küchenheiligen
Hrsg. von Rudolf Seitz
Band 5419

Die unglaubliche Geschichte des apokryphen Heiligen der Kochtöpfe und Küchenlöffel und seines Adlatus Fra Barolo gespickt mit Dokumenten, Legenden und wunderbaren Rezepten.

Lebenskunst aus der Stille

Auf der Suche nach dem Eigentlichen
Zu Gast in der Stille des Klosters
Hrsg. von Martin Werlen
Band 5422

Eine Wohltat für die Seele: Was Menschen erfahren, die „auf Zeit" ins Kloster gehen und die Gastfreundschaft der Mönche suchen.

Buch der Ruhe und der Stille
Inspirationen aus dem Geist der Klöster
Hrsg. von Michael Fischer
Band 5423

Der Kern der klösterlichen Tradition und Lebenskunst: Den Alltag und das Bedürfnis nach Spiritualität in Einklang bringen.

Johannes Pausch/Gert Böhm
Gesundheit aus dem Kloster
Heilwissen ohne Risiken und Nebenwirkungen
Band 5425

Vom Nutzen der Heilpflanzen, vom rechten Umgang mit Lebensmitteln aber auch mit der Zeit erzählt der Hildegard-Therapeut und Kräuterexperte.

Anselm Grün
Im Zeitmaß der Mönche
Vom Umgang mit einem wertvollen Gut
Band 5426

Mönche leben ihren Tag „qualitativ" – im strukturierten Ablauf, voll von spiritueller Bedeutung. Arbeit und Kontemplation sind in eine gute Balance gebracht.

Wie werde ich glücklich?
Lebensweisheit aus dem Kloster
Hrsg. von Leo Fijen
Band 5429

Die Äbte und Äbtissinnen zeigen den Weg zum Glück. Überzeugend sprechen sie über ein Leben zwischen Alltag und mystischer Erfüllung, über Beziehungen und Meditation.

Spirituell Leben heute

Rainer Schildberger

Wo der Himmel redet

An Europas heiligen Orten. Ein Pilgerbuch

Band 5470

Immer wieder steigt Schildberger aus – macht sich auf die Suche nach Orten der Zuflucht und Erneuerung. Ein faszinierender Weg – heraus aus der Enge unserer materiell geprägten Existenz.

Lee Hoinacki

Der Jakobsweg – ein spirituelles Abenteuer

Allein auf dem Pilgerweg nach Santiago de Compostela

Band 5473

Dieser Pilgerweg wird zu einem inneren Abenteuer. „Ein moderner Mensch entdeckt auf faszinierende Weise, was Pilgersein heißt" (Ivan Illich).

Henri J. M. Nouwen

Ich hörte auf die Stille

Sieben Monate im Trappistenkloster

Band 5537

Er fasziniert Intellektuelle wie Hillary Clinton und geistliche Autoren wie A. Grün: Dieser Erfahrungsbericht zeigt, wo seine spirituellen Wurzeln liegen. Ein Weg der Mystik und der Praxis.

Bernardin Schellenberger

Auf den Wegen der Sehnsucht

Zum spirituellen Leben heute

Band 5465

Schellenberger legt den Horizont der Sehnsucht offen und entwirft eine Spiritualität, die uns nicht nur bestätigen, sondern verändern kann. Leidenschaftlich – und klärend.

Willigis Jäger/Christoph Quarch

„... denn auch hier sind Götter"

Wellness, Fitness und Spiritualität

Band 5457

Erleuchtung im Dampfbad? Zu tiefer religiöser Weisheit und spiritueller Schönheit lässt sich auch an säkularen Orten finden.

Spirituell Leben heute

Helmut Hallier

Mach langsam, wenn es schnell gehen soll

Zeit gewinnen für das Wesentliche

Band 5306

Entscheidungen und Kreativität lassen sich nicht endlos beschleunigen. Auf den richtigen Rhythmus und das persönliche Tempo kommt es an.

Richard Rohr

Hoffnung und Achtsamkeit

Spirituell leben heute

Band 5582

Wie finden wir in unserem Leben Tiefe und Weite? Eine Wiederentdeckung der Einfachheit und des Wesentlichen.

Anselm Grün

Herzensruhe

Im Einklang mit sich selber sein

Band 4925

Leistung und äußerlicher Wohlstand allein können nicht bringen, wonach sich Menschen wirklich sehnen. Der moderne Seelenführer zu einem tieferen Leben.

Anselm Grün

Bleib deinen Träumen auf der Spur

Buch der Sehnsucht

Band 5550

Sehnsucht ist der Anfang von allem. Wer auf die Stimme seines Herzens hört, dessen Leben wird sich verwandeln.

Anselm Grün

Das kleine Buch der Lebenslust

Band 7027

Lebenslust – Lass dich verzaubern. Nimm dir Zeit für deine Seele, höre auf deinen Leib – und genieße mit allen Sinnen.

Anselm Grün

Das kleine Buch vom guten Leben

Band 7044

Sich im Alltag tiefer verankern, seine Beziehungen gut gestalten, für sich das rechte Maß finden – und aus einem weiten Herz leben. Das allein macht glücklich und zufrieden. Überraschend, inspirierend, einfach.